吕延方 著

对外贸易、跨国外包与能源环境

中国社会科学出版社

图书在版编目（CIP）数据

对外贸易、跨国外包与能源环境／吕延方著．—北京：中国社会科学
出版社，2016.10
ISBN 978 - 7 - 5161 - 8074 - 7

Ⅰ.①对… Ⅱ.①吕… Ⅲ.①对外贸易—研究—中国②服务业—
对外承包—研究—中国 Ⅳ.①F752②F719

中国版本图书馆 CIP 数据核字（2016）第 084421 号

出　版　人	赵剑英
责任编辑	周晓慧
责任校对	无　介
责任印制	戴　宽

出　　　版	中国社会科学出版社
社　　　址	北京鼓楼西大街甲 158 号
邮　　　编	100720
网　　　址	http://www.csspw.cn
发　行　部	010 - 84083685
门　市　部	010 - 84029450
经　　　销	新华书店及其他书店

印　　　刷	北京金瀑印刷有限责任公司
装　　　订	廊坊市广阳区广增装订厂
版　　　次	2016 年 10 月第 1 版
印　　　次	2016 年 10 月第 1 次印刷

开　　　本	710 × 1000　1/16
印　　　张	11.25
插　　　页	2
字　　　数	202 千字
定　　　价	45.00 元

凡购买中国社会科学出版社图书，如有质量问题请与本社营销中心联系调换
电话：010 - 84083683

前　言

从近期国际环境来看，一方面，全球经济下行风险加大，外需动力不足导致中国外贸出口增速减慢，中小企业经营困难。另一方面，随着全球气候变暖问题日渐突出，中国能源短缺和供需矛盾愈加凸显，以往的经济模式正受到资源有限、环境容量等因素的严重制约。

"十二五"规划纲要指出，面对日趋强化的资源环境约束，必须树立绿色、低碳发展理念，以节能减排为重点，加快构建资源节约、环境友好的生产方式。中共十八大报告着重提出了解决能源和环境问题的十二字方针：节约为先、保护优先、自然恢复。近期，"生态环境质量总体改善"被列入"十三五"时期经济社会发展的主要目标。

中国政府在关于经济贸易发展的反思和应对中，充分认识到集约型发展的必要性，政策上极力凸显"社会责任"意识。节约能源和保护环境正成为经济政策的重中之重。同时，在全球经济一体化发展趋势下，跨国公司利用中国的低成本优势将生产和服务中间环节外包到中国，承接新一轮离岸外包业务逐渐成为中国利用外资、实现经济增长的重要途径。发展离岸外包承接业务已成为实施区域发展总体战略（振兴东北老工业基地、大力促进中部地区崛起）以及完善区域开放格局（深化沿海开放、优化对外贸易结构）的一项重要规划。随着全球产业链细化分工、资源优化与整合的日趋深入，中国承接离岸外包业务俨然成为产业链国际化重新构建的必然趋势，但与此同时不可避免地面临着资源及能源节约、环境减排等多重压力。

围绕贸易、外包与能源有效利用、环境保护所引发的问题是多维、错综复杂的。一国能源、环境问题能够影响生产成本、工厂选址、贸易模式等，凭借能源、环境效应引致不同行业的相对优势，进而对贸易结构和增长以及承接外包的程度产生最终影响。那么，能源、环境约束下如何合理评价中国对外贸易、承接离岸外包的社会绩效？如何在节能减排的制约下甄别中国分行业、分地区对外贸易和以承接外包为主导的贸易实践的发展机会？

鉴于在经济新常态时期能源、环境双重约束下中国改变以往消费型经济增长模式的必要性和迫切性，本书基于全球产业分工网络链视角，从不同维度、层面测评能源、环境与中国各类特征的对外贸易、承接离岸外包行为的依存性问题，考察能源、环境政策与对外贸易、承接外包之间的非线性或动态关联路径，在节能减排制约下甄别中国承接外包在不同行业机会配置的优劣势，寻求中国承接外包活动与有效利用能源、保护环境和谐发展的新路径。在全球经济一体化形势下，着力探索中国对外贸易、承接跨国外包可持续发展规划的新思路，提供有效、可操作的转型战略方案。

本书的出版获华侨大学高层次人才科研启动项目"能源、环境政策与中国承接离岸外包比较优势——基于线性/非线性面板模型的经验研究"（项目编号：16SKBS202）资助和国家自然科学基金"'战略—共生'聚合构念下中国服务外包企业跨越国际陷阱的路径设计及反俘获竞争力研究"（批准号：71302054）资助。

由于时间、掌握的信息和学识水平有限，书中难免有不妥之处，欢迎专家、读者对本书提出宝贵意见。

华侨大学统计学院、数量经济研究院教授　吕延方
2016 年 10 月

目 录

图目录

表目录

第一章　引言

伴随着经济高速发展和对外贸易额的巨幅增加，新世纪中国的能源消耗巨大，CO_2 排放也急剧增长。数据显示，2014 年，一方面，中国货物进出口总额为 43030.4 亿美元，中国出口占全球份额的 12.2% 左右，连续第二年居全球第一货物贸易大国地位；另一方面，中国能源消费总量达 42.6 亿吨标准煤，为世界第一，占世界总能源消耗的 21.5%，同时，二氧化碳排放量占世界的 29%，甚至超过美国和欧盟的总和（美国为 15%，欧盟为 10%），中国人均二氧化碳排放量目前已经超过世界平均水平。

一方面，在当前能源缺口问题和生态赤字日渐突出的经济新常态时期，全社会愈来愈意识到：经济增长本身需权衡能源的合理利用以及环境质量的提高。刘强等人（2008）指出，中国是以自我的能源资源消耗和环境污染排放为代价来维系不断增长的贸易顺差的。有学者进一步指出，中国出口贸易中高碳产品所占比重较高，这既不利于中国碳减排目标的实现，又容易受到欧美等发达国家可能实施的碳关税的影响（任燕，2012）。因此，为适应经济新常态时期所强调的从"增长"到"发展"的战略目标调整的需要，中国政府迫切需要加快贸易发展方式的转变。

另一方面，跨国公司正利用中国的低成本优势将生产和服务环节外包到中国，跨国公司制造和服务环节向中国的跨境外包俨然成为中国利用外资、实现经济增长的主要途径，但是，在承接跨国公司外包业务的同时，中国正面临着能源消耗过度和环境过度负荷的发展问题。因此，在认识到承接外包已成为全球产业转移不可逆转的主流趋势的同时，中国需要"加强能源资源节约和生态环境保护，增强可持续发展能力"。

鉴于在新时期能源、环境双重约束下中国改变以往粗放型经济增长模式的必要性和迫切性，本书基于全球产业分工网络链视角，从国家、省际、行业等层面对中国各类特征行业的对外贸易、承接外包行为与能源消耗、碳排放的关联性问题进行剖析和综合性研究,在已有较好基础的研究方向上围绕现实问题展开深入、系统的创新性研究。通过加强对中国以外向型经济为主的产业结构调整、降低主要外向型产品的能源、碳排放比例,对于转变贸易发展方式、促进中国经济和社会的可持续发展是十分有益的。

第一节 选题背景和意义

一 选题背景和问题提出

随着中国能源短缺和供需矛盾愈加凸显,全球气候变化问题日渐突出,以往的经济模式正受到资源有限、环境容量等因素的严重制约(林伯强等,2011)。

在产业全球化趋势下,中国迫切需要转变高耗能、高排放的粗放型经济增长方式,力争在优化产业布局、提高经济发展的质量和效益上取得新的突破性进展。在日益激烈的国际竞争中,如何脱颖而出进而分享国际产业分工全球化所带来的利益,推进中国产业结构的转型升级,是当前中国政府、经济管理部门和产业调整迫切需要解决的热点问题。中国当前生态赤字和能源缺口不断增大,已经严重制约了经济社会的可持续发展。优化布局、转变贸易发展方式、提高经济发展质量和效益的任务十分艰巨。

二 研究的目的和意义

(一) 研究目的

1. 基于中国在全球产业共生链条下所处的分工地位,整合现有数据资料和不同来源数据的统计口径,比较、改进和完善指标测算方法,构建承接外包内含的能源消耗、碳排放指标体系,对中国细分行业承接外包、能源消耗和碳排放进行准确、全面的量化评估。

2. 务求有效地保证动态面板模型、非线性面板模型的实践应用。基于变量特征,拓宽非线性面板模型的适用范围。立足中国经济现实问题,系统归纳、总结国内外非线性面板模型的研究方法,有效实现多种分析方法对非线性面板模型在结构假设、参数估计以及统计检验等层面的系统比较,以提供具有更高精度和更强稳健性的估计方法,改进和完善非线性面板模型的分析技术，力求提高模型分析效率与精度。

3. 借助现代统计技术、经济计量方法等手段，着力探索不同形式对外贸易、承接外包活动、不同外向型模式对重点外包行业、出口加工行业的能源消耗、碳排放的影响及其差异，力争为外向型企业在能源、环境双重约束下选择更有效率的承接外包模式提供实践基础，进而为企业有的放矢地制定国际化战略目标提供决策参考依据。

4. 基于国内外最新研究成果，改进和完善适合中国国情的理论方法和模型体系，一方面，检验和测度对外贸易、承接外包行为与中国主要产业能源消耗、碳排放的动态关联性，测评共生模式下细分行业的不同特征行业承接外包活动与能源消耗、碳排放的动态作用机制；有效探索中国承接外包活动与有效利用能源、保护环境和谐发展的新路径。另一方面，寻求中国在经济全球化背景下利用承接外包促进能源有效利用、环境发展的有效产业规划，为国家实施有效、全面、以市场为主导的宏观经济调控和产业政策调整提供实践依据与决策参考。

（二）关键技术问题

本书重点解决的关键技术问题主要包括：

1. 由于主要指标的概念界定存在分歧、统计口径特殊和数据缺失等造成了测度和不同来源产业数据衔接的困难，本书需通过对大量指标的概念界定、筛选，适当构建新指标，以寻求一定数量灵敏、有效的科学指标，因而建立一套具有较高稳定性、可靠性的数据采集、整理、统计和分析体系是关键问题。

2. 由于现代全球产业共生模式的复杂性以及不同生成机理的外包活动与能源、环境效应处于动态过程中，这在客观上造成所研究的对象具有一定的复杂度。为了度量主要行业承接外包的能源、环境代价以及政策约束下承接外包在不同行业的机会配置的变动特征，必须以经济理论为基础并结合当前复杂的经济形势构建适当的模型。因此如何科学地运用经济理论进行逻辑分析和理论模型构建，并设定符合经济现状的面板模型，以便后期从不同层次、不同角度和不同途径开展定量研究，将是必须面对和解决的关键问题。

3. 由于中国产业结构调整和政策调控目标的不断变化以及现阶段经济数据质量等因素的困扰，使得传统面板数据模型（静态、线性和部分关键因素被视为外生的）显现出较大的局限性。非线性模型非常适合描述总体中各组成部分在不同时刻所发生的机制性转换情况。本书突破传统研究方法，构建非线性经济计量模型，从不同维度、层面测评改革开放以来中国各类特征行业承接外包活动对主要行业的能源消耗、碳排放的综合影响，着力探索中国承接外包在不同行业间的机会重新配置的规划思路，提供有效、可操作的转型战略方案。因此如何运用科学、可靠的非线性模型估计方法是另一关键问题。

（三）研究意义

本书研究的深远意义主要包括：

1. 开拓新视角，对承接外包活动与能源消耗、碳排放的动态关联性进行系统科学的理论与应用研究，不仅具有重要的方法论意义和理论意义，也是现实的迫切要求。加强对中国承接外包的能源环境代价及新时期演变机制的系统分析，增强"十二五"规划及更长时期承接外包活动变动趋势的可预测性，并据以及时调整产业政策力度和方向，为确保转变贸易发展方式、优化产业结构、有效利用现有资源和改善环境等规划目标的实现提供科学依据，为国际问题研究领域增添跨国外包案例和经验研究素材，力争为宏观经济政策调控和产业政策的制定和实施提供经验证据和预警信息。

2. 研究成果符合中国"十二五"及更长时期规划的战略要求，符合节能减排和经济结构调整的可持续发展理念，具有深刻的经济内涵和政策意义，提供有力的理论支撑，有助于政府部门制定相关产业政策，为国家优化产业结构与实现跨国企业资源整合战略的长远规划服务。在节能减排理念下对于企业国际化战略的制定和实施将有着重要的启示和指导意义，为中国主要外向型企业采取有效的承接外包战略调整提供理论和实践基础。

3. 有助于整合与优化企业资源，为中国主要外向型企业在节能减排压力下采取有效的承接外包战略提供理论和实践基础。走低耗能、低碳发展之路已成为中国外向型企业可持续发展的必然选择。本书的研究成果有助于企业深入理解中国主要行业承接国外中间产品或服务环节的载能量、碳排放量的变动特征和演化趋势，有助于中国企业在节能减排压力下，充分体现企业的社会责任，从过去"被动接受型"向"主动拓展型"转变，使"外包"真正为"我"所用，力求承接外包与能源节约、环境保护的和谐发展，最终在能源、环境等多重条件制约下开辟新路径以获得未来的竞争优势。

第二节　国内外研究动态分析

随着新世纪中国对外贸易的迅速增长和中国承接离岸外包业务规模的持续扩大，贸易和外包所引致的能源、环境问题逐渐引起了学术界的瞩目和重视，而且正成为国内外学术界研究的热点之一。

一　能源、环境约束下的政策绩效问题

"政策制定过程的演变是一个充满突变、惯性以及政策体制变迁的历史"（迪克西特，2004）。现阶段侧重于经济政策变化的研究文献可以归类为两个分析层次：第一层次以理论文献为主，试图解释政府推动的经济政策变动的有效性；第二层次以经验研究为主，试图构建经济政策工具（或手段）与主要政策目标之间的数量关系。

（一）关于经济政策变动的主要分析范式对比

传统经济框架一般会从市场这一概念入手，询问是否存在着市场失灵的证据（布罗姆利，2006），但忽视了政府政策成效的关键性因素以及政策变迁的根源性因素。以弗里德曼为代表的货币主义学派基本上对政府干预（经济政策变迁的推动）持反对态度，他们更倾向于总体经济的充分就业平衡（宏观经济）、公司和个人对资源的有效利用（微观经济）。另一个传统框架以福利经济学为代表，它构建在明智、高效和人性化政府模式的基础上，并针对外在性（大气污染等环境问题）、规模效应、市场不完善、社会不公等现象进行系统分析，认为政府要做的经济工作就是统驭市场决策，并帮助社会成员以最大的效率实现他们的目的，但仍然因为缺乏关于政策的综合性理论，而无法从福利经济学中探索到有效解释政策成效的关键性因素（沃尔夫，2007）。

公共选择理论试图构建关于政府缺陷（"非市场失灵"）的综合性理论，并最终提供了非市场失灵的一个重要因素，即"政客和官僚自身的利益"，但是他们仍不能"满足一种完善的非市场失灵理论的需要"（鲍莫尔，2013）。威廉姆森（Williamson，1975，1985）在科斯（Coase，1937）研究基础上发展的交易成本经济学框架为非市场失灵理论贡献了有价值的见解，他认为，市场失灵和非市场失灵都可以被看作"是由独

特的交易成本特征和负担所导致，这些特征和负担分别与市场和为组织经济活动而作为替代的'管理机构'的政府相联系"（沃尔夫，2007）。诺斯（North，1990）从另一个角度延伸交易成本经济学的研究（交易成本政治学），他首先提出疑问：为什么在经济停滞时期，政治企业家没有迅速推出一些更成功的政策？他认为，政府决策时会更多地被交易成本所困扰，并且一个经济的动态演变必有一套特定的制度特征，因此有必要修改现有的理论体系，将包含交易成本的制度分析整合进新古典理论中。

布罗姆利（2006）对流行的有关制度和制度变迁的理论观点加以考察后认为，这些模型都侧重于效率考虑，在很大程度上是同义反复，均错误地界定了制度变迁（经济政策的变化）的源泉。鉴于此，他重新塑造了制度变迁模型，并认为"当经济和社会条件发生变化时，现存的制度结构就会变得不相适宜。为对新的条件做出反应，社会成员就会尽力修正制度安排"。他最终提出了四种制度交易（提高生产效率、重新分配收入、重新配置经济机会、重新分配经济优势）以反映社会群体不同偏好的制度安排，并将公共政策问题与制度变迁问题联系起来。布罗姆利认为，如果"仅仅认为那些增加生产性效率的制度变迁是合理的，那么这就伤害了矿工、穷人、那些关心环境质量的人以及其他没有从现状中有所得的人"。他的观点推动了经济学家在公共政策上发挥更大的作用。

国内研究尽管至今仍未形成一个比较成熟的理论框架，但也进行了初步的探索性工作。程启智（2011）的理论是构建在"自由交易不可能把人的健康和生命安全在社会和政治层面上的外部性风险内部化"这一假设前提下的。基于这个前提，政府需要制定和实施针对此类行为的管制政策。那么，为什么有些政策会失效？董志强（2011）指出，人们会在很多经济决策中表现出公平动机，公平是一个重要的动机，它是理解经济现象的一个重要因素，例如，它会很好地解释非自愿失业、通货膨胀和总产出之间的关系。董志强还提出一个研究者经常面对的问题：为什么有些政策，特别是涉及利益分配或利益分割的政策，在满足政策接受者参与约束水平的条件下，仍然会产生诸多冲突行为？他认为，一个可能的原因是人们对仅仅满足自己参与约束却谈不上利益分享的政策感到不平或愤慨。通过他的逻辑论证，大致可以理解公平等偏好作为自变量纳入主体效用函数的重要意义。但关于公平偏好以及"十二五"规划增添的环境偏好等制约政策效力的规范分析文献仍有待进一步加以补充和完善。

（二）政策工具和政策目标的关联性经验研究

目前，国外经验研究的主线基本上在公共经济学理论框架下展开。依托这一框架经验文献，重点探讨了税收、公共支出等主要经济政策对私人企业与家庭行为的影响及其福利效果。例如，鲍斯（Bös，1994）基于福利最大化原则，对作为经济政策工具的公共品价格进行设计，使之服务于与市场过程产生的商品价格目标不同的目标：销售公共定价商品给销售企业带来的收入，以及给政府带来的税收。但鲍斯研究的不足之处是缺乏关于公共部门定价的更为理论化的制度环境构架，并通常不得不将模型限定在静态分析的范围之内。豪斯曼（Hausman，1985）基于美国联邦税收收入的绝大部分是通过个人所得税来筹得的经济现实，讨论了课税所产生的预算集的非线性问题，并论述在美国成为法律或被讨论过的各种税制改革建议对劳动供给以及经济福利可能产生的效应。桑德莫（Sandmo，1985）认为，在对税制进行选择时，需要考察它们对就业和通货膨胀的短期影响、对增长率的中期影响以及对经济中资本密集度的长期影响，这些被归类为资源配置效率问题，又因为刺激储蓄的税收制度会将收入从"工人"手中转移到"资本家"手中，从当代人手中转移到子孙后代手中，因此，他认为税制还会牵扯到分配政策，需要考察多种权衡，尤其需要注意私人储蓄决策和公共储蓄决策之间的相互作用。希普斯和赫利韦尔（Heaps & Helliwell，1985）的研究重点是对资源课税中最重要的问题进行说明和定量分析，他们不仅讨论了征税对资源开发和使用效率的影响，还列举了其他重要因素，例如地方就业、新兴城市问题、宏观经济问题、出口前的深加工、收益分配等。其他政策工具也被进行了横向比较，例如总特许权使用费、净特许权使用费、企业所得税及其免税、政府直接参与、勘探开发权利的投标、财产税、价格管制、定量控制、出口的数量控制等。

公共经济学理论和经验研究体系为中国学者探索政府政策目标和各种政策工具的相互关系提供了重要的参考体系，对于中国社会主义市场经济中的公共部门管理具有极大的借鉴价值。但是，钱颖一（2006）指出，起源于西方的现代经济学对政府的经济行为研究相对有限，其根本原因是发达的市场经济以法治为基础，政府的任意行为要受法律约束，政府的主要经济职责是提供公共品，而转轨经济和发展中经济体不同，通过建立法治约束政府行为，往往需要较长的时间才能实现。

（三）能源、环境约束下贸易政策的绩效研究

在经济新常态时期，中国正面临着国内外经济环境的严峻考验。一方面，"高投入"和"低效益"粗放型经济增长方式的弊端已显现，行业产能过剩，生产率偏低，竞争优势不足；民生状况堪忧，城乡间收入差距过大，生活消费、教育和住房成本逐年攀升。另一方面，从近期国际环境来看，全球经济下行风险加大，外需动力不足导致中国外贸出口增速减慢，中小企业经营困难；随着全球气候变暖问题日渐突出，中国能源短缺和供需矛盾愈加凸显，以往的经济模式正受到资源有限、环境容量等因素的严重制约（国家信息中心，2011；中国人民银行调查统计司经济分析处，2011；林伯强等，2011）。中国政府在改革与发展的反思和应对中，充分认识到集约型发展的必要性，政策上极力凸显"社会责任"意识。"调结构""节能源""利环境"正成为经济政策的重中之重。至今学者、研究机构和媒体针对中国经济发展方式转变举办了多次研讨会，发表了若干政策建议，政府紧密结合现实情况和未来发展目标颁布了若干指导性意见和政策，力求在转变经济发展方式上取得新进展，但仍有些问题值得反思和彻底解决。

（四）阶段性研究述评

迄今为止，既有文献未形成符合中国国情的理论框架作为构建模型的基础。裴长洪等（2011）的研究提供了一个富有价值的理论启示。他们以对中国经验的深刻阐述，以某些经济学作为认识工具，如价格的贸易条件和微笑曲线等理论解读中国的对外贸易都存在局限性。他们从总结中国自身的经验出发定义转变外贸发展方式的经济学含义：转变外贸的国民收益方式和格局，转变外贸的竞争方式，转变外贸的市场开拓方式，转变外贸的资源利用方式。因此，对于政策的研究不能停留在对西方已有研究成果的理解和诠释这一阶段上，在借用西方的现代化理论研究和经验分析工具时必须与中国实际经济背景相结合。

并且纵观国内外研究成果，目前的进展体现在两个研究方向上：一是从宏观层面探讨国际贸易政策实施的表征向量（例如出口值、进口值、进出口总值、贸易规模的相对变化、贸易结构特征）与某一政策目标变量之间的关联性，分析国际贸易政策整体的实施效果；二是从微观层面分析不同特征的企业或产业具体贸易行为的绩效影响。这些文献为本书的展开积累了丰富的理论和经验成果。与现有文献研究这两个方面不同：第

一，克服不同统计源数据的衔接问题，综合分析贸易政策工具表征变量对能源、环境的实施效果，并突出政策的变化特征和演进趋势；第二，综合考虑某一政策工具相对于其他可选择的政策工具的影响程度，以避免所提出的政策建议过于夸大这一手段的影响效果。

二　对外贸易对环境等宏观变量的影响效应

作为重要的经济政策之一，中国国际贸易政策经历了数次历史变迁，关键转折如 1979 年的改革开放，1992 年开始的农产品进口关税自主降低，2001 年加入世界贸易组织，2004 年提出"转变外贸增长方式"新的贸易发展思路，2005 年开始的人民币汇率市场化调整，2005—2007 年实施的结构性调整战略（包括提高高新技术产品出口退税率，降低高消耗、高排放和资源性产品的出口退税率等）。近年来，为适应"十二五"规划着重强调的从"增长"到"发展"的战略目标调整的需要，中国政府再次提出要"加快外贸发展方式的转变"。面对经济增长趋势放缓、收入差距扩大以及能源供给短缺、全球温室气体排放的增多，国际贸易政策变迁方向应该更多地偏向产出效率，为民生，也为环境发展，特定目标的具体国际贸易政策在实施过程中，可能会在有利于一个群体的同时对另一群体产生负面影响，导致非帕累托效率。那么如何权衡各方利益，提前判断和把握国际贸易政策对政策目标的影响效应？鉴于经济目标的非单一性，如何理性、卓有成效地适时提出国际贸易政策组合评价体系，以合乎与实现经济转型的重要目标？在此背景下，中国转型期国际贸易政策对环境、效率和民生的影响效应及其评价体系研究的紧迫性和重要性极其明显。

现阶段中国对外贸易对不同宏观变量效应的研究成果颇为丰富，可以归为三类：第一，讨论进出口贸易与节能减排之间关系的文献；第二，讨论进出口贸易与生产率之间关系的文献；第三，讨论进出口贸易对中国收入及收入差距影响的文献。

（一）进出口贸易对能源消费、环境的影响

进入 21 世纪，能源消费和环境问题逐渐成为全世界关注的焦点，中国走绿色发展道路正成为政府和学界的共识。关于发展中国家贸易活动与能源、环境的关联性，国外学者的观点存在差异。科普兰和泰勒（Copeland & Taylor，1994，2004）认为，发展中国家正成为国际高碳排放产业转移的避难所，他们提出了"污染天堂假说"，在一定的污染税和税率假定下，随着发达国家和发展中国家贸易自由化的展开，一系列复杂调整的结果是贸易自由化将缓和发达国家的环境污染问题，恶化发展中国家的环境问题。最近，杰马尔（Cemal，2012）对上述结论提出质疑，他以日本和东南亚国家之间的贸易为例做出说明。日本从东南亚主要国家的进口没有诱发这些国家的环境问题。中国学者周浩、傅京燕（2011）认为，进出口贸易对能源消费的影响具有双向作用，一方面，中国通过对外贸易积极引进国外先进的生产技术和科学的管理经验，提高了能源使用效率，这一切都有利于"节能"；另一方面，出口产品会增加能源消耗。林伯强等（2011）进行了更具体的科学研究，他们发现，出口成长对电力消费的增长有着稳定的促进作用，出口成长效果对中国1997—2007年电力消费增长190%的加权平均贡献率为104.3%，于是他们建议针对高耗电的出口产品征收出口关税。李思慧（2011）认为，虽然通过外资、国际贸易等途径有可能获得先进技术、管理经验，但由于消化、吸收能力不足而难以掌握那些先进的生产工艺、管理经验和工作流程，因而导致FDI对企业能源效率的溢出效应不明显。

关于环境问题，李静、方伟（2011）利用长三角三省市的投入产出表对进出口贸易增长所导致的资源环境变化进行分解，结果显示，自1997年以来，三省市的出口含能（污）量持续增长，直接导致该地区能耗增加、污染加剧，因此出口贸易对经济增长贡献的不断增强是导致贸易对长三角地区能源消耗与环境影响持续上升的主要原因。贸易规模、净出口和贸易结构均会对CO_2转移乃至环境产生直接影响，这一结论已被学者王文举、向其凤（2011）的研究所证实。因此，偏向于高耗能、高耗电的出口结构不利于碳减排，需要向低耗能结构调整；进口贸易可以替代高能耗的国内生产，一般对碳减排有利。

（二）进出口贸易对生产率的影响

中国开放进程中所产生的生产率问题虽受到国内外学术界的关注，但结论仍然无法达成一致。关于效率和贸易的关系，国际经济学界多数支持出口导向假说：那些坚持出口战略的国家倾向于赢得较快的经济产出增长率（Edwards，2001）。刘瑞翔和安同良（2011）则指出，对外开放虽是中国经济奇迹的动力来源，却是当前经济增长呈现出粗放式特征的主要原因。近期的研究也显示出中国对外开放过程中不可忽视的若干问题。例如，徐建军和汪浩翰（2009）基于新增长理论构建了贸易内生化的经济增长模型，1952—2006 年样本数据的估计结果显示，出口贸易是阻碍中国全要素生产率增长的主要影响因素。李小平等（2008）以工业行业为例，发现 1998—2003 年中国主要行业出口和生产率增长的关系不显著，但进口显著地促进了工业行业全要素生产率的增长。

（三）进出口贸易对收入等变量的影响

近期的研究重点转移到收入、收入差距等民生工程问题上。国内外学者对于贸易全球化与收入之间的关系一直存有争议。以纽伯里和斯蒂格利茨（Newbery & Stiglitz, 1984）为代表的学者认为，全球化以后，生产的变动不再影响商品价格，从而消费者收入水平容易变动，由此他们认为，风险分担的恶化所导致的成本增加会导致整体福利水平的下降。但是，迪克西特（Dixit, 1987, 1989）认为，如果不增加针对私人契约本来特征的任何制约且政府的政策是灵活的，那么，全球化会增加收入福利水平。国内学者基于传统贸易理论模型认为，对中国这样的劳动密集产业具有比较优势的发展中国家而言，从长期来看，全球化贸易扩张所带来的劳动需求增加，通过工资与就业等因素的影响，必然会提高国民经济中劳动收入的份额（唐东波、王洁华，2011）。有部分学者提出相反的观点。国外学者法吉格鲍姆等人（Fajgelbaum et al., 2011）认为，在许多情况下贸易自由化常常会使较富裕国家的低收入家庭和低收入国家的较富裕家庭获益。据此，基于现阶段中国仍是低收入国家的现实情况可以判断，他们支持这一结论：贸易自由化会加大中国的贫富差距。

（四）研究动态的总结

多数学者使用传统的线性分析框架，但是，在线性模型框架里，学者们无法合理地描述经济转型的过程特征（谢杰、张海森，2012），无法科学地解释在不同区域特征下，贸易政策实施效果所呈现的变化趋势可能并不相同，而且大多数经验研究文献预先设定的线性关系容易导致估计结果的偏差，并由此可能得出误导性的结论（包群，2008）。因此，经济规律可能是非线性的，其函数形式可能依赖于某个变量（门限变量）而改变，特别在经济转型时期更是如此。

汉森（Hansen, 1996）提出了门限回归方法，以严格的统计推断方法对门限值进行参数估计与假设检验，为非线性经济计量分析提供了有效工具。国内外学者已开始认同门限自回归模型在经济领域的应用价值，贸易专家近期也开始应用门限回归方法讨论与贸易有关的经济问题。多数学者关注到贸易与经济增长的非线性关系，并获得了有价值的研究成果，例如基于不同收入的贸易与经济增长之间的非线性关系（Foster，2006；Kim et al.，2011），基于不同经济发展阶段的贸易与长期经济增长之间的关系（Kim & Lin，2009；王庆石等，2009），基于危机和非危机期间贸易对经济增长影响的不同表现（Falvey et al.，2012），贸易对经济增长影响的不同路径（Falvey et al.，2013）。近期，少数学者开始关注贸易与收入、生产率的非线性关系（Kim，2011；Henry et al.，2012；Kim & Lin，2012）。目前，使用门限回归技术方法从多角度系统分析中国贸易对不同宏观变量（尤其是环境变量）的门限关系的研究，在国内外并未得到充分的体现。为此，本书拟在非线性模型框架里，充分考虑政策的渐进性和时效性，重点关注进出口贸易对新时期内含环境等不同宏观变量的综合影响效果。

三　外包与能源消费、环境保护

（一）国外研究综述

国外学术界针对外包、能源有效利用和环境保护等问题，在理论和应用层面已经形成了相对成熟的研究体系。目前研究的主要进展和基本观点可以概述为以下两个方面：

1. 关于开放经济下的能源、环境问题，国外学者虽已展开了广泛的理论和应用研究，但是，迄今为止，国外缺乏针对中国中间品贸易的能源、环境代价的研究文献，尤其是未对中国不同行业承接外包活动与能源消耗、碳排放的相互关联性展开深入研究。

2. 国外学术界采用不同的方法测算外包、能源消耗和碳排放等主要指标。国外学术界对于外包的度量主要应用了三种方法：一是直接统计零部件出口数据度量外包的贸易量；二是通过加工贸易间接度量外包的程度；三是以投入产出数据估算外包程度。第三种方法是以投入产出数据度量外包的程度，较适合行业的实际发展情况。但是，随着跨国企业在全球采购行为的复杂性，外包比率的测量相对变得复杂，迄今为止的国外研究因为数据获取的局限，还不能更为科学、合理地反映中国承接外包发展的程度。对于能源消耗和碳排放指标，国外学术界虽提供了相对科学的测算方法，但在实际应用中因采用了中国过于陈旧的投入产出表，尤其是没有考虑不同特征产业进口中间投入品比例的变化对能源、碳排放的潜在影响，所以最终无法科学地掌握近年来中国不同行业的承接外包行为所导致的能源消耗、碳排放变动的实际情况。

（二）国内研究现状及发展趋势

国内学术界针对外包、能源消耗和碳排放等问题的研究虽起步较晚，但也积累了一定的前期成果。基本观点可以概述为以下三个方面：

1. 关于外包与能源、环境的研究

有学者基于中国 33 个工业行业 1992—2006 年的面板数据，采用 PCSE 稳健估计方法发现外包显著提高了中国的能源利用效率，此分析对于理解中国的经济发展、能源安全和产业升级具有启发意义。还有学者指出，新一轮的产业转移以技术为先导、以服务为重点，呈现出领域集中化、方式主流化等特征。他认为，全球产业转移对中国提升产业竞争力所带来的机遇和挑战并存，中国产业发展应抓住机遇，充分利用资源、环境优势，以服务业为重点，以可持续发展为目标，实现产业结构优化和升级。但多数研究因为数据获取的局限，还未展开承接外包活动与能源、环境的关联性研究。

2. 关于承接外包的研究

随着越来越多的跨国公司利用中国的低成本优势将生产和服务环节外包到中国，尤其是承接新一轮跨国公司服务业外包逐渐成为中国利用外资、实现经济增长的新途径，学术界近期着重对这一国际产业转移的新现象进行了理论和应用研究。这部分研究可以划分为两条路线：第一条是因素分析，例如有学者通过问卷调查，发现市场环境、制度环境和政治环境等宏观层面因素对承接能力的提升有显著影响，而企业能力和人才成本等微观层面因素表现不显著。第二条是效应分析，有学者实证分析了承接跨国外包对中国工业行业技术进步的影响，还有学者通过对中国 80 家设计公司的实证研究，证明了承接国际服务外包能够带来显著的技术外溢效应。但迄今为止，还未有学者基于能源、环境双重约束下中国主要行业承接外包的演变机制进行理论和经验分析。

3. 关于统计口径的统一和数据测量问题

对此，学术界计算方法不一。对能源消耗、碳排放的计算来说，常用两种方法：一种是基于投入产出表的"自上而下"的计算方法；另一种是基于产品单耗的"自下而上"的计算方法（或生命周期评价法）。前一种方法是目前能够全面计算进出口产品能耗、碳排放的最佳方法，因此被广泛采用。由于产品种类繁多，很难对每一产品进行逐一分析，因此后一种方法的结果虽相对准确，但无法更全面地进行一般分析。外包概念界定存在分歧、外包统计口径特殊和数据缺失等造成了测度困难，因此迄今为止的多数研究还不能更为科学、合理地反映中国承接外包发展的程度。正是上述指标测定方法的限制致使大部分研究仅仅停留在定性分析的层面，特别是从产业层面定量分析承接外包效应的文献尤其缺乏。虽有学者克服了上述困难，首次利用投入产出表度量了中国主要产业的承接外包比率，但研究仅局限于少数产业，还未延伸到更具体的行业。

本书立足于"十二五"规划及更长时期经济发展方式转变的新常态背景，从动态维度和微观层面，通过对 1991—2010 年中国 12 个行业细分行业承接外包与能源消耗和碳排放进行准确、全面的量化评估，揭示中国现阶段细分行业承接外包活动与能源消耗、碳排放的关联性。

四　面板数据的单位根检验及异常值理论

单位根检验在近 30 年里是计量经济学中最活跃的领域之一。近年来，面板数据单位根检验的创新方法继续得到瞩目和重视。面板数据单位根检验方法比常规时间序列单位根检验方法要复杂，它的理论方法及其分析技术一直是国际经济计量学界研究的热点与难点问题，到目前为止还远未形成一个统一的检验框架。影响面板单位根检验稳定性的因素极其复杂。研究者为了避免模型估计中存在的"虚假回归问题"，要对各变量进行单位根检验，以确定其平稳性。普通意义下的时间序列单位根检验方法主要包括早期的 DF 检验，以及近年来得到广泛使用的 ADF 检验、PP 检验及KPSS 检验等。相对于时间序列而言，对于面板数据（Panel Data）的平稳性检验则较少关注。由于 Panel Data 自身的数据结构和特点，如果将时间序列单位根检验方法不加修正地运用于 Panel Data 建模过程，则将会导致错误的检验结果。面板数据单位根检验是基于渐进分布的检验，有限样本下统计量的检验水平和检验功效的表现涉及检验的可靠性。目前，各类面板单位根检验方法仍无法克服或解决小样本容量和异常值等重要数据特征对它们产生的严重影响，而在现实社会中却广泛、大量地存在具有这些特征的数据集。因此，对于具有异常值点的小样本面板数据的平稳性单位根检验进行研究就显得尤为迫切和重要，所得研究结论不仅在计量经济学理论上具有极其重要的学术价值，而且基于此进行的经济理论实证研究，对于模型的稳健性、有效性及其针对性都具有十分重要的现实意义。

既有文献证明面板单位根检验主要应用在购买力评价理论、经济增长收敛理论、汇率决定理论、国际贸易流量和国际研发的外溢效应等方面，如麦克洛斯基和塞尔登（McCoskey & Selden, 1998）、斯特拉思科等（Strazicich et al., 2001）、江坂（Esaka, 2003）等学者进行了类似的研究。

（一）纵剖面独立的面板单位根检验

对 Panel Data 进行专门的单位根检验研究的历史并不长，比较典型、有代表意义的研究如巴格福等（Bharagava et al., 1982）对固定效应动态模型下随机游动残差所作的检验问题，他们利用修正了的 DW 统计量提出了检验固定效应动态模型的残差是否为随机游走的方法。莱文等（Levin et al., 2002）讨论了包含固定效应、个体确定性趋势及不同期序列相关误差下面板数据的单位根检验方法，用以克服单个时间序列单位根检验势较低的缺点，他们建构了适用范围更广的 LLC 检验。莱文等指出，该方法允许不同截距和时间趋势，异方差和高阶序列相关，适合于中等维度的面板单位根检验。LLC 检验仍采用 ADF 检验式的形式，但 LLC 检验假定各个横截面单元之间具有同质性，即要求各纵剖面时间序列一阶滞后项的回归系数相同，并且还要求各截面相互独立。LLC 检验是目前应用比较广泛的面板单位根检验，但是它有一定的局限性。它对参数假定了相同的约束条件且约束太强，即所有纵剖面时间序列或者都含有单位根，或者都是平稳序列，而且还要求各截面相互独立。

针对 LLC 检验的这一缺陷，面板单位根检验从最初的同质面板单位根检验发展到异质面板单位根检验。艾姆等人（Im et al., 2003）提出了异质面板数据（Heterogenous panel data）的单位根检验，简称 IPS 检验。IPS 检验放松了同质性假定条件，允许不同的截面单位取值不同，是以各横截面单元 DF 统计量的均值 t－bar 进行的单位根检验。他们利用随机模拟方法给出了统计量 t－bar 在不同显著性水平下的临界值，并且研究了 IPS 检验的有限样本性质，发现在小样本下，IPS 检验的功效明显高于 LLC 检验的功效。尽管 IPS 检验的提出完善了面板单位根检验理论，但是，IPS 检验同样也有明显的不足：IPS 检验假设所有的各纵剖面时间序列具有相同长度的观测期和滞后期，并且这些假设只适用于平衡面板数据。

为了克服 LLC 检验和 IPS 检验的不足，马德拉和吴（Maddala & Wu，1999）、崔（Choi，2001）提出了 Panel Data 单位根检验方法，即 Fisher 检验。马德拉和吴的组合统计量利用各独立个体时间序列 ADF 检验的显著性水平值对数之和。组合 P 值检验与 IPS 检验有相同的地方，它们都基于个体单位根检验的信息，但比 IPS 检验具有一个显著优势：它对统计量所选择的滞后期和样本容量的大小较稳健。并且它同样适用于非平衡面板数据。张晓峒、白仲林（2005）将时间序列的 GLS 退势方法与 IPS 的面板单位根检验 t－bar 检验相结合，提出了面板单位根检验的 t－bar－GLS 检验。通过蒙特卡洛模拟研究了该检验的有限样本性质，发现在小样本下，t－bar－GLS 检验优于 IPS 的面板单位根检验 t－bar。并且适当地选择 ADF 式中的一阶差分滞后项的滞后期可以使得实际检验水平低于名义检验水平。此外，针对"原假设：对每个个体时间序列是围绕确定性趋势变动的平稳过程；备择假设为 Panel Data 序列中存在单位根"这种类型的检验问题，哈德利（Hadri，2000）提出了一种基于 LM 检验的残差检验法。

（二）纵剖面时间序列同期相关的面板单位根检验

马德拉和吴（1999）通过蒙特卡洛模拟试验发现，当在异质面板单位根检验式下，如果随机误差项存在同期相关性（contemporaneous correlation）时，尽管 LLC 检验、IPS 检验的渐近分布虽然仍呈正态分布，但是，t－bar 统计量的渐近分布的方差不再满足同分布，而 Fisher 检验的组合 p 值不再服从卡方分布。于是，当面板数据的纵剖面时间序列之间存在相关性时，LLC 检验、IPS 检验和 Fisher 组合 p 值检验会严重扭曲面板数据平稳性的结论。对于传统的 IPS 检验不再适合纵剖面时间序列非独立的异质面板数据的单位根检验，艾姆等人（2003）明确指出，对于纵剖面时间序列同期相关异质面板数据的单位根检验，针对误差分解模型，进行横截面中心化处理（demeaning procedure）以消除纵剖面时间序列的误差项之间的相关性，然后使用 IPS 检验即可。然而，并不是所有经济现象都具有误差分解模型的形式，一般的经济现象并不具有误差分解模型的形式，因此该方法并不能彻底解决纵剖面时间序列同期相关的问题。

自 20 世纪 90 年代以来，许多学者在研究纵剖面时间序列相关面板单位根检验方面做出了重要的贡献。阿布和若里翁（Abuaf & Jorion，1990）利用似不相关回归法（SUR）提出了一种纵剖面时间序列相关面板数据的单位根检验方法。通过蒙特卡洛模拟试验得出了该检验的检验功效与单变量单位根检验相比具有显著提高的结果。后来，若里翁和斯威尼（Jorion & Sweeney，1996）将该检验推广到具有确定性趋势项的似不相关回归方程组系统的情况。福洛雷斯等人（Flôres et al.，1999）认为，利用似不相关回归法（SUR）限制面板横截面时间序列的自回归系数一致的约束条件是不恰当的。随后，为了消除各误差项序列的序列相关性，福莱斯格和施特劳斯（Fleissig & Strauss，1999）将 Abuaf - Jorion 检验推广到具有滞后差分项的似不相关回归方程组系统。穆恩和佩罗（Moon & Perron，2004）采用因子分析模型探讨了具有动态截面因子的 Panel Data 单位根检验方法。张晓峒、白仲林（2005）认为，面板数据纵剖面时间序列的退势处理将会区别面板退势平稳过程和面板单位根过程，从而将 GLS 退势与面板单位根 SUR - ADF 检验的结合得到了纵剖面时间序列相关的面板单位根 SUR - ADF - GLS 检验，并且通过蒙特卡洛试验研究发现，SUR - ADF - GLS 检验具有良好的小样本性质。

（三）面板数据异常值及存在异常值的单位根检验

异常值诊断与识别在整个计量经济学体系中占据着重要地位。然而，在该领域，现有文献主要在线性模型或时间序列模型中讨论异常值的检验问题。但面板模型的异常值检验问题并未受到国内外的重视。其原因是该类模型的复杂二维数据结构特征和性质导致参数估计往往需要迭代计算，对求出检验统计量的分布带来了较大的困难。同时，由于面板模型中的个体效应，传统均值漂移模型不能使用，这使得异常值模型的设定也不同于一般的线性回归模型和时间序列模型。在面板数据中，异常值不仅会出现在时间序列上，还将出现在横截面序列上，因此面板数据模型的异常值检测问题比单纯时间序列模型显得复杂、多变。如果存在异常值，建模的结果可能存在较大的偏差，估计结果缺乏稳健性，这样将对利用数据进行统计分析以及经济含义的解释造成不良影响。这使得分析结果不仅不可靠，也不能发现数据中的真实结构，甚至会得出完全相反或错误的结论。

在绝大多数情况下，异常值点的存在主要体现了所设定模型的某种局限性或不合理性，模型变量的数据生成过程（DGP）并未得到真实而充分的展现，这样就会产生异常值点。在建模过程中对异常值的处理是针对不同问题进行具体分析，而不是简单、片面地一概全部剔除。如果异常值是由于抄录有误等问题引起的，则可以选择剔除；如果异常值是由于模型错误的选择或设定引起的，则异常值的识别可以帮助对模型或分析方法进行不断修正，直至获得一个理想的模型。一些研究者对存在异常值的处理方式是对模型或分析方法进行适当修正，采用稳健估计的方式是修正的一种处理方法。

在实际工作中遇到的往往是样本容量较大的观测数据，一批观测数据有可能不仅仅含有一个异常数据，而是存在多个异常数据，传统上用于单个异常值检测准则法对多个异常数据的污染没有抵抗力，一旦样本观测数据中有多个异常数据存在，方法极有可能出现屏蔽效应。作为检验异常值的统计量，基本要求是能够较好地反映异常值与样本主体的差异。本书考虑样本观测值可能存在多个异常值的检测方法，构造具有较强抗污染能力的检验统计量，建立新的适用于检测多个异常数据的检测方法。这种方法抵抗异常值污染的能力强，能够避免由于多个异常值的存在而给检验工作带来的屏蔽效应，可连续使用检验多个异常值，稳健性较强，体现出良好的检测功效。

近几年来，Panel Data 单位根检验理论与技术不断完善和更新，取得了飞跃的发展。尽管国内外的学术界已经做过许多有益的探索（Bharaga-va et al.，1982；Maddala & Wu，1999；Hadri，2000；Choi，2001；Levin et al.，2002；Im et al.，2003；Moon & Perron，2004），但到目前为止还远未形成进行面板单位根检验的一致性框架。这些方法与技术各有其应用环境与适用条件，然而，这些方法也存在许多不足，尤其对于非常规统计数据而言，其效果不尽如人意。研究者在不断探索的过程中已经发现：异常值点对面板数据单位根检验的影响机理非常复杂。例如，菲利普和尼尔斯（Philip & Niels，1994）研究了 AO 异常对单位根和协整检验的影响。那么，异常值点或点群的影响是否会导致单位根检验结果发生逆转？是否会把一个含有异常值点或点群的退势平稳过程误判为随机趋势非平稳过程？异常值点的出现对面板数据单位根检验理论的影响是具有挑战性的。面板数据单位根检验是协整建模与误差修正分析的基础与前提。面板模型的单位根检验结果是否可信，直接影响着后续的协整建模过程。错误的忽视或者省略异常值点，可能会带来协整检验式的参数估计偏差和伪回归。因此，对于含有异常值点的面板数据单位根检验方法的研究就显得尤为迫切和重要，成为模型理论研究与应用实践亟待解决的问题。

（四）研究动态总结

在数学建模和统计建模中，异常值的出现是频繁的。面板数据模型中若某一时点或个体受外生冲击，比如出现新局面、体制变迁、经济转型、技术革命等，往往会在这一时点或个体上出现异常值。如果存在异常值，建模的结果可能会存在较大的偏差，估计结果则缺乏稳健性，这样将对利用数据进行统计分析以及经济含义的解释造成不良影响。这使得分析结果不仅不可靠，也不能发现数据中的真实结构，甚至会导致宏观决策上的失误，造成无法估计的损失。然而，异常值点并不一定就是"坏"或"无用"的观测值点，如果把这些数据值简单地剔除，有可能忽略或丢失重要的实验信息。有时，异常值点反而比正常观察值点蕴含着更加重要的信息，更能带给建模者有价值的启示，能够为经济运行机制提供额外有用的信息，为原有模型式参数估计方法提供改进信息。

为建立稳健的统计与经济计量学模型，准确预测经济现象，制定相关经济政策，本书重点关注如何有效地诊断这些异常值点或点群。它们能够为我们提供一种通常情况下无法注意及有价值的信息。在经济一体化的今天，一国的重大经济冲击会给世界其他国家或地区的经济发展带来不同程度的影响，研究面板数据的异常值将为研究世界经济结构变迁提供有效的理论方法。

为建立有效的计量经济模型，增强经济分析与预测的可靠性，研究者在建模时需要验证变量是否为平稳过程。如果变量具有平稳性，再对模型进行参数估计和假设检验。现实中的数据生成过程有时不是稳定的过程，在建模过程中应当关注这类问题的建模方法，若采用一阶差分序列进行建模，则将丢失数据的一些长期信息。协整理论为非平稳序列提供保留样本信息的有效方法。在实证研究中只有进行不同类型面板单位根检验的相互比较、分析与判断，才能有效地减少伪单位根检验与伪协整检验的发生。完善面板单位根检验技术方法对于建立稳健的经济计量模型，杜绝"伪回归""伪协整""伪检验"等的出现具有十分重要的理论价值和现实意义。

第三节　结构安排和研究方法

一　研究目标

本书系统梳理了国内外关于对外贸易、跨国外包与能源环境研究的文献，重点借鉴投入产出法以界定和测算细分行业承接外包的比率，深入分析现阶段全球化产业分工网络链下承接外包在中国发展的现状和趋势，并力求从行业角度展示承接外包的主要表现形式、变动特征。基于行业资料，强调以动态投入产出法应用为主并有效借鉴 GREET（全生命周期评价）模型，对中国不同行业承接国外中间产品或服务环节的载能量、碳排放量进行准确计算、比较和分析；判断和掌握现阶段经济全球化背景下中国分地区对外贸易、分行业承接外包以及能源消耗、碳排放的变动特征和预期走势。应用当代面板数据建模理论，对对外贸易、不同特征外包的演化机制及对能源环境的影响进行规范研究，将定性描述与定量分析相结合，微观量化不同特征的承接外包行为所导致的能源、环境代价，综合评价和稳健预测对外贸易、承接外包活动对行业能源的有效利用、对环境可持续发展的影响作用；试图完善对外贸易、跨国外包与能源环境的理论与方法研究，为政府及相关决策部门提供有力的科学依据。

二　结构安排

本书从"十二五"规划下经济发展方式转型需要出发，考虑中国现阶段能源供应紧张局面和环境生态保护压力，结合"新古典微观经济学""国际贸易理论与政策"和"公共经济学"等理论和经验成果，并突出现代数理经济学、经济计量学和统计学等领域的前沿成果，从动态维度、宏观维度和微观维度揭示中国现阶段主要行业对外贸易、承接外包行为与能源环境的关系。

全书分七章，各章具体研究内容如下：

第一章引言部分，首先介绍本书的选题背景，提出研究的具体问题以及研究的目的和意义，然后动态分析国内外已有研究文献，接着提出本书的研究框架、目标、内容和研究方法。

第二章重点分析能源环境约束下的贸易绩效评价体制。本书基于迫切要求改变以往消耗型经济增长方式的中国经济发展的新常态愿景，依托布罗姆利改善环境的制度变迁框架，重点分析以贸易政策为主的相关公共政策与能源消耗、环境发展之间的动态关联性，并提出主要假说；然后基于中国主要省份的面板数据构建动态面板模型；最后，运用广义矩估计方法检验对外贸易政策实施的社会绩效，即能源、环境约束下贸易政策的实施效果。

第三章侧重揭示中国对外贸易对能源、环境影响的基于地区发展水平的非线性发展特征。研究思路是：主要运用 Hansen 提出的门限检验方法构建了基本门限模型；然后基于中国省际面板数据，对中国对外贸易影响能源消耗、碳排放的基于人均地区发展水平的门限特征进行实证检验。

第四章侧重测评中国分行业承接外包的比率及其内含的能源消耗、碳排放指标。本章首先整理并归纳了国内外既有文献；然后以中国 2010 年投入产出表数据为样本，借鉴投入产出分析方法，界定并测算中国细分行业承接外包的比率；最后，从行业角度综合评价全球经济一体化背景下中国分行业承接外包所内含的能源消耗、碳排放的变动趋势。

第五章继续发展第四章的研究方法，重点探讨并综合评价中国更长时期的能源消耗、碳排放与各类特征的承接外包之间的动态关联性。本章首先发展了（进口）非竞争型投入产出方法，率先构建了中国内含外包的非竞争型 12 部门投入产出模型；然后，运用动态面板广义矩估计建模技术，从总量和强度指标两个视角综合探讨中国分行业能源消耗、碳排放与承接外包之间的动态关联性。

第六章侧重诊断中国贸易行为影响环境的地区和时间异常值。本章首先构建了面板数据剩余扰动项方差干扰的时点或横截面个体的异常值模型；然后使用 Lagrange Multiplier（LM）方法探测面板数据时间或个体截面上的异常值点或点群，计算出异常值诊断的检验统计量；最后，通过中国对外贸易实例证明本章所构建的 LM 统计量可以有效诊断时点或个体异常情况，并提出异常值变动的经济因素。

第七章是全书的总结和政策建议部分。

三 研究方法

规范分析：利用数理模型和经济理论，结合现代动态面板分析方法和非线性技术，通过归纳、建模、演绎等手段深入分析和合理解释对外贸易、承接外包与能源消耗、碳排放的内在关联性。

　　实证分析：应用动态面板和非线性分析技术对中国现阶段分省区对外贸易、分行业的承接外包活动与能源、环境的关联特征进行经验检验，从中归纳出重要的典型化事实，以此作为规律发现和理论升华的基础。

　　模拟分析：利用随机模拟数据，基于格点搜索法及蒙特卡洛模拟实验等技术模拟出主要估计方法的参数经验分布密度，并利用科学的统计评价方法，对所建模型开展系统的、科学的诊断测评（包括信息损失和污染、稳健技术评价等），并进行恰当的修正，增强模型在实际应用方面的效力。

　　比较分析：采用横向比较和纵向比较相结合的分析模式，不仅纵向比较不同时点的承接外包活动对能源、环境的影响程度，而且将横向比较不同模式、类别的承接外包活动所引致的能源、环境变化。

　　稳健分析法：高度关注异常值数据的影响与处理，建立稳健的经济计量模型，杜绝"伪回归""伪检验"等的出现。异常值诊断、稳健技术等影响与评价理论将被应用于本书的研究。

第二章 能源、环境约束下的贸易政策绩效

在过去 30 多年里，中国经济取得了高速增长，但发展方式迫切需要转变。一方面，伴随着中国的经济增长，大量的生产和生活活动在满足人们各种需求的同时也产生了重大污染，对环境造成了负面影响。陈媛媛、李坤望（2010）以数据例证了中国 CO_2 排放量呈快速增长的趋势，燃料燃烧所产生的 CO_2 排放从 1990 年的 22.44 亿吨上升到 2006 年的 56.485亿吨，跃居世界第二位，仅次于美国。另一方面，随着中国工业化和城市化进程的显著加快，重化工业比重持续上升，中国对能源的需求不断上升。王立勇、张良贵（2011）收集的数据显示，2010 年，中国能源消费总量达到 32.5 亿吨标准煤，相当于 1990 年能源消费总量的 3.30 倍，年均增长 6.1%。随着高消耗、高污染等问题的出现，中国政府、业界逐渐意识到经济增长本身需要权衡能源的合理利用以及环境质量的提高。

国内在关于主要政策实施的表征变量与目标变量（能源、环境）的关联性上已形成可参照的理论观点。例如，周浩、傅京燕（2011）认为，随着人均生活水平的提高，中国大部分地区能源消费基本上呈单边上行的趋势，并伴随着环境负荷的增加；周平、王黎明（2011）认为，高耗能的第二三产业扩张导致了能源消费的快速增加和环境负荷的增加；李思慧（2011）认为，有助于提高人力资本的发展政策可以促进能源的使用效率和环境负荷的降低；王会、王奇（2011）认为，不加节制的盲目推进城市化的政策会导致能源消费和碳排放总量的持续增加，严重影响生态环境，城市化应与环境发展、经济发展速度一致；林伯强等人（2011）认为，产权制度革新可以减少碳排放；王锋等人（2010）认为，偏向于高耗能、高耗电的出口结构不利于碳减排，需要向低耗能结构调整；杨超等

人（2011）认为，合理的税收政策可以促进全社会和企业的能源有效利用和碳排放的减少。

鉴于"十二五"及更长时期中国所面临的能源短缺和环境压力，本章选取 1992—2010 年省际面板数据构建动态模型，利用广义矩估计方法定量分析能源、环境约束下的贸易政策和其他主要政策实施的绩效，最终为促进中国有效转变经济发展方式并推动现代化进程提供理论依据和实证支持。

第一节　政策绩效的理论框架

关于具体公共政策的执行效果问题，布罗姆利采取的分析方法是判断制度变迁过程中潜在获益是否能足够补偿源于这种变迁的其他损失。以利益集团 i 和 j 为例，下式反映了变迁的会计现值：

$$V = -C_0^j + \sum_{t=1}^{T} \frac{(B_t^i - C_t^i) + (B_t^j - C_t^j)}{(1 + p)^t} \tag{2.1}$$

其中，V 是制度变迁的会计现值；p 是时间偏好的社会比率；$B_t^i - C_t^i$ 和 $B_t^j - C_t^j$ 分别表示利益集团 i 和 j 的 t 期净收益；C_0^j 是集团 j 为了执行经济政策而不得不承担的必要投资成本。

如果政策执行富有效率，则满足下列条件：

$$\sum_{t=1}^{T} \frac{(B_t^i - C_t^i)}{(1 + p)^t} > C_0^j - \sum_{t=1}^{T} \frac{(B_t^j - C_t^j)}{(1 + p)^t} \tag{2.2}$$

公式（2.2）右面的第二项是集团 j 因为执行政策而引起的现值净收益。这里假定开始时刻集团 j 的利益经常被牺牲，所以这一项为负。公式（2.2）左面部分是利益集团 i 的现值净收益。因此，利益集团 i 和 j 的总净收益必须大于集团 j 为了执行经济政策而不得不承担的必要投资成本以及集团 i 的付出。如果这一条件成立，就可以判断，经济政策引起的制度变迁增加了社会的总体效率。

尽管现阶段国家已实施了促进经济高速增长的经济政策，经济总量得以扩大，但为了转变经济增长方式，应当审视已执行或将执行的若干经济政策是否能够增加社会的总效率。

本章假定社会上只存在两个利益集团，按照科斯（1960）的逻辑分析模式演绎出几种情形。第一种情形，假如利益集团 i 的现值净收益不能

弥补集团 j 为执行政策 x 而承担的初始成本和现值净损失，即经济政策 x 引起的制度变迁不能增加社会的总体效率。集团 j 可以要求政府停止经济政策，并付给利益集团 i 相应的金额，以补偿利益集团 i 因为中止这一政策而不能获益的部分。第二种情形，假如利益集团 i 的现值净收益能弥补集团 j 为执行政策 x 而承担的初始成本和现值净损失，即经济政策 x 引起的制度变迁能增加社会的总体效率，但是利益集团 i 不愿意弥补集团 j 的损失和成本。集团 j 可以要求政府负责协调，要求利益集团 i 补偿集团 j 因为实施这一政策而受损的部分。第三种情形，假如利益集团 i 的现值净收益能弥补集团 j 为执行政策 x 而承担的初始成本和现值净损失，即经济政策 x 引起的制度变迁能增加社会的总体效率，利益集团 i 也愿意弥补集团 j 的损失和成本，但是集团 j 要求政府实施另一项政策 y，以促使集团 j 获得净收益。因此，在这一情形下，政策 x 的中止或继续取决于两个利益集团与政府的磋商能力。

关于政策的执行效果，学者们疑虑的是，现实中国政府已执行或将执行的公共政策在实施过程中达到了以能源利用、环境保护为目的的政策绩效，其产出效率是否会受影响？也就是说，关心生产性经济活动的群体与关心能源利用、环境质量的群体的利益是否存在冲突的可能性？布罗姆利的制度交易模式框架可以解释这个问题。

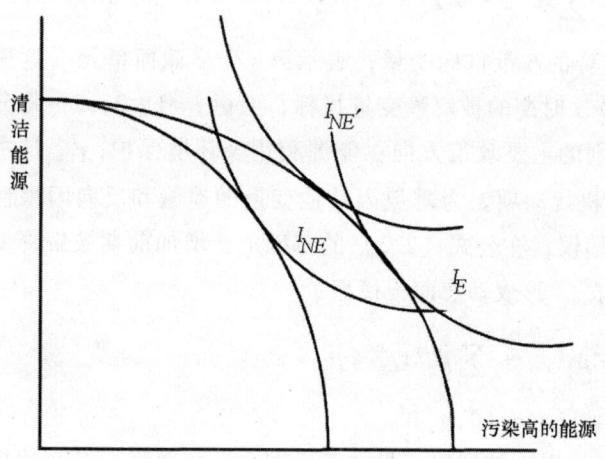

图 2.1 改善环境的制度变迁

　　这里以布罗姆利的理论框架为基础，结合中国国情，提出一个以能源有效利用和保护环境为目标的制度变迁模式。以国家最近倡导的节能减排为例，生产企业会倾向于使用清洁能源来代替以前对环境污染较高的能源，另外，新技术的使用会促使企业对污染高的能源的需求量减少。因为新能源最初的使用成本较高，图 2.1 的社会无差异曲线一开始会从 I_E 左移至 I_{NE}。但随着新技术的普遍应用和成本降低，社会无差异曲线会从 I_{NE} 再右移至 I_{NE}'。I_{NE}' 和 I_E 的切点将位于同一条社会无差异曲线上，产出效率最终不会发生变化，唯一变化的是不同类别能源在生产中的配置机会。因此，从长期来看，以能源利用、环境保护为目标的政策变迁并不会导致产出效率的下降。

第二节　政策绩效问题的经验模型构建

一　动态面板模型构建

　　吕延方、王冬（2013a）运用动态面板模型检验了经济量（产出）、经济质（效率）目标变量和主要政策实施表征变量的关系，这里将使用动态面板技术检验能源利用、环境保护约束下的政策绩效。

　　利用面板数据回归下面方程：

$$y_{i,t}^{j} = \alpha^{j} + \sum_{\lambda=1}^{n} \beta^{j,\lambda} x_{i,t}^{j,\lambda} + \varepsilon_{i,t}^{j} \tag{2.3}$$

　　$y_{i,t}^{j}$ 是被解释的政策目标变量，表示第 i 个横截面单元（这里特指省级横截面情形）t 时期的被解释变量指标，上标 $j = 1$，2，3…将分别代表中国十二五规划的主要政策方向：能源利用及环境保护；$x_{i,t}^{j,\lambda}$ 是主要解释变量；$\varepsilon_{i,t}^{j}$ 为随机扰动项。为避免因其他变量的遗漏和反向因果性问题而引起估计结果偏误，在公式（2.3）的基础上，增加前期被解释变量，并加入个体效应 μ_i，形成动态面板模型：

$$y_{i,t}^{j} = \alpha^{j} + \rho y_{i,t-1}^{j} + \sum_{\lambda=1}^{n} \beta^{j,\lambda} x_{i,t}^{j,\lambda} + \mu_i + \varepsilon_{i,t}^{j} \tag{2.4}$$

　　其中，$\varepsilon_{i,t}^{j} \sim i.i.d.(0, \sigma_{\varepsilon}^2)$。

　　公式（2.4）引入被解释变量的滞后期会导致解释变量与随机扰动项的非观测个体效应相关，从而造成估计的内生性。此时，若采用标准的混合 OLS、随机效应或固定效应估计方法对动态面板数据进行估计，将导致参数估计的有偏性和非一致性。学者建议采用广义矩（GMM）估计方法，构建动态面板数据模型一致估计量，以克服动态面板数据中存在的问题（Arellano & Bond，1991；Arellano & Bover，1995；Blundell & Bond，1998）。

广义矩 GMM 主要可以分为系统 GMM（system GMM）、一阶差分 GMM（diff-GMM）等。差分 GMM 估计是通过一阶差分剔除不随时间变化的个体效应，利用差分模型中所选取的工具变量与差分扰动项正交矩条件。为此对（2.4）式进行一阶差分，得到不包含个体效应的一阶差分模型：

$$\Delta y_{i,t}^{j} = \rho \Delta y_{i,t-1}^{j} + \sum_{\lambda=1}^{n} \beta^{j,\lambda} \Delta x_{i,t}^{j,\lambda} + \Delta \varepsilon_{i,t}^{j} \tag{2.5}$$

其中，$\Delta y_{i,t}^{j} = y_{i,t}^{j} - y_{i,t-1}^{j}$，$\Delta y_{i,t-1}^{j} = y_{i,t-1}^{j} - y_{i,t-2}^{j}$，$\Delta \varepsilon_{i,t}^{j} = \varepsilon_{i,t}^{j} - \varepsilon_{i,t-1}^{j}$，$\Delta$ 为差分算子。从上式可以看到，它消除了不随时间变化的个体效应，但包含被解释变量的滞后项。由于 $y_{i,t-1}^{j}$ 与 $\varepsilon_{i,t-1}^{j}$ 相关，故 $\Delta y_{i,t-1}^{j}$ 与 $\Delta \varepsilon_{i,t}^{j}$ 相关。为了克服所有解释变量的内生性问题以及 $\Delta y_{i,t-1}^{j}$ 与 $\Delta \varepsilon_{i,t}^{j}$ 之间的相关性，必须采用工具变量进行估计。对此，采用 $y_{i,t-2}^{j}$ 或以前更多滞后项即 $\{y_{i,0}^{j}, y_{i,1}^{j}, \cdots, y_{i,t-2}^{j}\}$ 作为 $\Delta y_{i,t-1}^{j}$ 的工具变量较为合适，因为 $\{y_{i,0}^{j}, y_{i,1}^{j}, \cdots, y_{i,t-2}^{j}\}$ 均与 $\Delta y_{i,t-1}^{j}$ 相关，但是与 $\Delta \varepsilon_{i,t}^{j}$ 无关。另外，外生解释变量也可作为差分方程（2.5）的工具变量。

在实际回归时，差分 GMM 估计方法易存在弱工具性问题，滞后水平项和一阶差分序列之间是弱相关。Blundell & Bond（1998）指出，如果解释变量在时间上持续性较强，这些滞后的水平变量将是一阶差分的弱工具变量，易产生有限样本偏误。Arellano & Bover（1995）、Blundell & Bond（1998）在 Arellano & Bond（1991）的差分 GMM 估计的基础上，提出了系统广义矩估计（system GMM）方法，即建议将差分方程（2.5）和水平方程（2.4）统一纳入一个方程系统进行联合估计，对差分回归方程中的工具变量依然采用相应水平变量的滞后值，并以内生变量差分的滞后值作为水平方程的工具变量，如模型中的 $D(y_{i,t-1}^{j})$、$D(y_{i,t-2}^{j})$、$D(y_{i,t-3}^{j})$……从而工具变量的有效性会增强，理论上相对于差分 GMM 估计的结果更为有效。

GMM 参数估计的有效性取决于工具变量是否有效，在此依据下述方法识别模型设定是否有效。第一，采用 Sargan 或 Hansen 检验来识别工具变量的有效性，如果检验结果不能拒绝原假设，即模型内过度识别约束有效，说明工具变量的选取是有效的。考虑到样本可以使用的工具变量数量有限以及误差项存在异方差，这里利用 Hansen 检验来判断工具变量的有效性。第二，检验 GMM 回归系统中差分的残差项是否为一阶或二阶序列相关，一般采用 Arellano-Bond AR 检验来判断，应当拒绝不存在一阶序列相关的原假设，同时不应当拒绝无二阶序列相关的原假设。

需要说明的是，对于 GMM 方程可采用一步 GMM 和两步 GMM 估计，虽然这两种估计量都能够产生一致估计量，但在实际建模中需诊断哪一步能够得到渐进有效的估计量。两步 GMM 估计对于处理截面相关及异方差问题具有较强的稳健性，但两步 GMM 估计的权重矩阵严重依赖估计参数。本章基于 Arellano-Bond AR 检验和 Hansen 过度识别检验的结果，对稳健估计而言，选择了不同形式的 GMM。

二　数据选取方法

为了考察政策实施工具变量对各主要目标变量的影响作用，全面比较政策实施效果，本章选取若干政策目标变量和政策实施的表征变量。总样本涵盖了 1992—2010 年 30 个省、市、自治区的面板数据。省级数据主要取自国家信息中心中国经济信息网统计数据库。表 2.1、表 2.2 分别显示了被解释变量与解释变量的名称和指标处理方法。

表 2.1　　　　　　　　　能源和环境变量的数据选取方法

被解释变量名称		指标处理和测算方法
能源利用指标	能源消耗（ener）	能源消费总量（万吨标准煤）
	单位能耗（xene）	各地能源消费总量除以实际生产总值的比值（吨/万元）。其中，各地区实际生产总值利用各年地区居民消费价格指数的不变价（基期1991＝100）对各地区现价国内生产产值平减得到。本章选取这一相对指标以消除生产总值的地区影响
环境保护指标	废气排放量（mgas）	工业废气排放量（亿标立方米）
	单位废气排放（xgas）	各地工业废气排放量除以实际生产总值的比值（标立方米/元）。本章选取这一相对指标以消除生产总值的地区影响

表 2.2   政策变量列表

政策变量名称		变量选取和处理方法
对外贸易（open）		本章使用进出口总额占整个地区实际生产产值的比例作为对外开放政策实施状态的表征。进出口总额需要将国际货币基金组织 IMF 提供的实际有效汇率指数换算成实际人民币金额
经济增长（rgdp）		人均实际生产总值被作为衡量各地区经济增长政策实施总体状态的代理指标。本章使用各地区实际生产总值再除以各地年底总人口数来测算人均实际生产总值（万元/人）。其中，各地区实际生产总值是利用各年地区居民消费价格指数的不变价（基期 1991 = 100）对各地区现价国内生产产值平减得到
产业政策	第二产业（ind1）	第二产业增加值占 GDP 比重（均为现价）可以体现当地工业的发展状态，本章以此表征各地第二产业政策的实施状况
	第三产业（ind2）	第三产业增加值占 GDP 比重（均为现价）可以体现当地服务业的发展状态，本章以此表征各地第三产业政策的实施状况
人力资本（hcap）		本章以高等学校本、专科在校学生数占当地年底总人口数的比重来反映当地人力资本政策的实施状况
城市化水平（city）		本章主要以各地城镇年末从业人员占整个地区年末从业人员的比重来反映当地城市化政策实施状态，但内蒙古和新疆缺少部分城镇就业人员数据，所以以各地城镇人口占地区年底总人口的比重表示这两个地区的城市化水平
市场化水平（mark）		本章以非国有企业从业人员（私营企业年末从业人员数与个体企业年末从业人员数的加总）占整个地区年末从业人员数的比重来代表国家针对产权私有化制度的创新效果。产权私有化水平可以作为反映各地市场化政策实施状况的代理变量
公共财政（fisc）		以各地方财政预算收入占当地生产总值（现价）的比重来反映地方政府财政政策实施状态

三　主要指标的描述性统计

表 2.3 显示了解释变量和被解释变量的样本容量、最大值、最小值、平均值和标准差。总样本数为 570 个，覆盖了 30 个省、市、自治区 1992—2010 年的样本数据。最终的检验模型将对所有变量取对数，以衡量解释变量在变动 1% 的情况下被解释变量的变化程度。对数模型的优点主要有两个：一是能避免表 2.3 大部分变量分布较宽的问题，抑制非正常值的影响；二是由于主要测量的是百分比的变化，可以直接估计弹性值，避免了变量不同的测量尺度的影响。

表2.3　　　　　　　　　变量统计特征

变量		均值	标准差	最小值	最大值	观察样本
ener	overall	6577.16	5153.01	214.58	32225.23	N = 515
	between		4411.74	592.56	20483.31	n = 29
	within		3032.94	-4894.17	18319.09	T = 17.76
xene	overall	3.82	2.04	0.71	11.04	N = 515
	between		1.72	1.65	7.67	n = 29
	within		1.10	-0.96	7.90	T = 17.76
mgas	overall	6904.08	7400.65	9	56324	N = 540
	between		4836.52	12.89	19573.5	n = 30
	within		5667.06	-6387.42	43654.58	T = 18
xgas	overall	3.68	2.28	0.08	24.81	N = 540
	between		2.08	0.22	9.89	n = 30
	within		0.99	1.47	18.60	T = 18
rgdp	overall	0.59	0.51	0.09	2.85	N = 570
	between		0.34	0.20	1.60	n = 30
	within		0.38	-0.26	2.21	T = 19
ind1	overall	0.45	0.08	0.13	0.62	N = 570
	between		0.08	0.24	0.54	n = 30
	within		0.038	0.32	0.58	T = 19
ind2	overall	0.37	0.07	0.20	0.76	N = 570
	between		0.06	0.29	0.60	n = 30
	within		0.04	0.21	0.52	T = 19
hcap	overall	0.01	0.01	0.0008	0.04	N = 570
	between		0.004	0.004	0.025	n = 30
	within		0.006	-0.005	0.023	T = 19
city	overall	0.32	0.16	0.11	0.81	N = 538
	between		0.16	0.13	0.75	n = 30
	within		0.04	0.24	0.86	T = 17.93
mark	overall	0.14	0.09	0.02	0.67	N = 540
	between		0.06	0.04	0.33	n = 30
	within		0.07	-0.16	0.48	T = 18

续表

变量		均值	标准差	最小值	最大值	观察样本
open	overall	0.73	1.00	0.06	6.27	N = 570
	between		0.91	0.11	3.32	n = 30
	within		0.46	-1.98	3.68	T = 19
fisc	overall	0.07	0.03	0.03	0.26	N = 570
	between		0.02	0.05	0.13	n = 30
	within		0.02	-0.003	0.23	T = 19

第三节　能源、环境约束下的政策绩效分析

一　模型选择方法

本章所有估计结果均基于 STATA 11.0 运算而成，且各表报告的 AR 检验和 Hansen 检验结果均显示模型设置合理。以表2.4 的第一列模型为例，使用 STATA 11.0 软件 xtabond 2 命令进行估计，该软件 Sargan test 和 Hansen test 的原假设所选取的工具变量是有效的，自相关检验（AR（1）、AR（2））的原假设不存在一阶或二阶自相关。对以对数能源消耗（le-ner）为解释变量的模型进行一步差分 GMM 估计，Sargan 过度识别检验结果为 0，表明一步差分 GMM 估计模型所选工具变量不是很好的工具变量。当再对所建模型进行一步系统 GMM 估计时，回归结果汇报了 Hansen 过度识别检验和 IV 类型工具变量检验的 P 值均为 1，这表明一步系统 GMM 估计所选工具变量有效，且 AR（1）的 P 值为 0.011（<0.1），AR（2）的 P 值为 0.657（>0.1），检验结果表明，扰动项的差分存在一阶自相关，但不存在二阶自相关，说明模型设置是合理的。其他检验过程不再赘述。下面将对所有模型的最终回归结果进行分析。

二　贸易政策的绩效分析

表2.4 至表2.9 的估计结果均显示，滞后一期的被解释变量对当期被解释变量的边际系数不仅具有统计显著性，而且也具有明显的经济显著性。以表2.4 为例，滞后一期的能源消耗、单位能耗、废气排放量和单位废气排放的边际影响系数分别是 1.017、1.079、0.517 和 0.419，均通过

了 1% 统计显著性水平检验，且前期变量对当期变量有非常大的正向影响，这说明在制定提高能源使用效率和减少碳排放的经济政策时，应该注意前期能源消耗和废气排放对后期的滞后影响，应当重点关注能源消费高和废气排放量过大的地区。

表 2.4 估计结果证明了贸易政策与能源消耗的直接正向关系。数据显示，各地区的对外开放程度每提高 1 个百分点，能源消耗总量会增加 0.099 个百分点，单位能耗会相应上升 0.093 个百分点。这表明现阶段中国的贸易结构偏向于高耗能、高耗电的加工贸易，并且目前的进口贸易还无法实现对高能耗国内生产的完全替代，政策上需要渐进式引导低耗能的贸易结构调整。同时，表 2.4 检验结果证实了对外开放政策与废气排放量、单位废气排放量的直接正向关系。数据显示，各地区对外开放程度每提高 1 个百分点，废气排放总量会增加 0.039 个百分点，单位废气排放量会增加 0.060 个百分点。总之，贸易增长伴随的环境破坏不容忽视。另

表 2.4　　　　　　　　　　贸易政策实施绩效

	能源消耗 （lener）	单位能耗 （lxene）	废气排放量 （lmgas）	单位废排 （lxgas）
前期被解释变量	1.017 *** （52.48）	1.079 *** （20.19）	0.517 *** （6.77）	0.419 *** （8.90）
lrgdp	0.063 （0.40）	-0.786 *** （-4.21）	0.552 *** （10.21）	-0.342 *** （-4.53）
lopen	0.099 *** （3.70）	0.093 *** （2.78）	0.039 *** （3.64）	0.060 *** （7.11）
C	-0.297 * （-1.70）	-0.247 *** （-4.42）		
AR（1）	-3.18 （P=0.001）	-3.01 （P=0.003）	-3.12 （P=0.002）	-3.33 （P=0.001）
AR（2）	-0.56 （P=0.574）	-0.47 （P=0.640）	-1.46 （P=0.145）	-1.24 （P=0.214）
Hansen test	28.48 （P=1.000）	27.59 （P=1.000）	28.35 （P=1.000）	28.16 （P=1.000）
估计方法	一步系统 GMM	两步系统 GMM	两步差分 GMM	两步差分 GMM

注：表中变量回归结果的括号内为估计系数的 t 统计量，***、**、* 分别表示在 1%、5%、10% 水平上显著；自回归（AR）检验和 Hansen 过度识别检验结果的括号内是 P 值结果；估计方法选项包括四种：一步差分 GMM 估计、两步差分 GMM 估计、一步系统 GMM 估计、两步系统 GMM 估计。

外，这里接受了张友国（2010）的观点，虽然环境贸易条件明显恶化，贸易对环境影响程度的不断增强与贸易的增长密不可分，但是更需要加强国内产品的环境规制管理，采取综合措施以协调贸易、环境与经济发展之间的关系。总之，在保持对外开放总方针不变的前提下，应在政策上引导向低耗能、低排放的贸易结构调整。

三　其他公共政策的绩效分析

表 2.5 的回归结果显示，人均经济发展水平基本上与能源消费呈反方向变化。人均地区生产总值每增加 1 个百分点，能源消费总量会降低 0.391 个百分点，单位能耗会大幅度减少 1.178 个百分点，这一结果与周浩、傅京燕（2011）的估计结果相反。本章的经验结果认为，在能源约束下中国大部分地区的人均 GDP 对能源效率有一定的正向影响，人均 GDP 水平应该处于周浩、傅京燕拐点图（图 2.2 中 G 点）的右边，这主要因为，随着大部分地区经济发展水平的提高，以及人均能源效率的不断提高，人均能源消费开始呈现单边下行的趋势。人均经济发展水平对废气排放总量有着正向影响，但与单位废气排放变量存在负相关关系。表 2.4 还显示了人均地区生产总值每增加 1 个百分点，废气排放量会升高 0.556 个百分点，但随着经济发展水平的提高，单位生产总值所产生的废气排放量会降低 0.285 个百分点。这一方向相反的估计结果证实了经济发展与环境保护关系的两个特征：一方面经济增长会带动环境负荷的增长，另一方面在经济发展水平提高的同时，高效率的能源利用和管理措施会促使环境压力的减小。

由此可见，一方面，应该注意在经济发展的同时废气排放总量上升的环境风险，即在确保人均 GDP 稳步增长的前提下，需权衡经济发展水平和废气排放总量增加之间的矛盾，应采取有效措施以控制废气的过度排放。另一方面，随着中国人均经济发展水平的提高，能源的有效利用和各种环境治理措施的加强，能源消费和单位废气排放量最终呈下行的趋势，尤其近期中国采取了强激励和弱激励相结合的治理措施，正引导个人和企业提高能源的使用效率，不仅大幅度降低了单位产值耗能，而且也降低了单位产值的废气排放量。

表 2.5 中第二产业政策变量的回归系数大部分为负值，且在 1% 水平上显著，这说明尽管中国大部分地区的产业结构趋向工业化，但随着企业

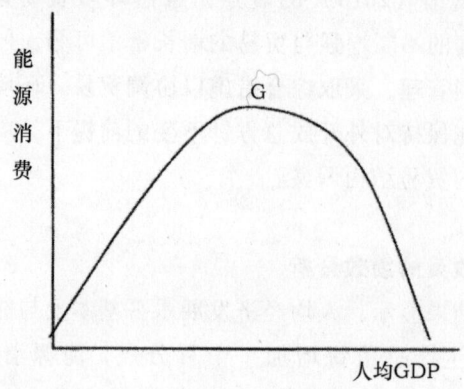

图 2.2　人均 GDP 与能源消费的关系

通过技术创新提高了能源综合利用率，落后产能被淘汰，新技术和新能源的有效利用，多数工业企业的单位耗能和单位废气排放量渐呈下降的趋势。数据显示，第二产业在地区 GDP 中的比重每增加 1 个百分点，能源消耗总量会降低 0.402 个百分点，单位耗能会降低 0.415 个百分点，单位废气排放量会降低 0.332 个百分点。正如有专家所说，应根据低碳条件下的指标体系进行战略产业选择，选择更多的碳排放强度低的产业实现碳排放的减少，逐步实现以低碳为目标的产业结构调整，在结构减排基础上再采用低技术和高技术相结合的技术减排方式，综合减排的效果会更好，最终可以有效促进地区实现工业增长和低碳发展的双重目标。

第三产业政策变量的回归系数都为负值，且在 1% 水平上高度显著，正如多数学者所认为的那样，服务业的发展会降低能源的使用，尤其是那些碳排放较高的能源，并最终降低整个社会的废气排放量。结果显示，第三产业在地区 GDP 中的比重每增加 1 个百分点，能源消耗总量会降低 0.384 个百分点，单位耗能会降低 0.340 个百分点，废气排放总量会大幅度降低 0.828 个百分点，单位废气排放量会降低 0.598 个百分点。因此，各地区在追求经济增长的同时，不可忽视环境问题，应调整各地的产业政策，在环境约束下，应侧重发展低耗能、碳排放较低的绿色产业。总之，各地区应引导企业利用新技术降低单位消费品的碳排放和提高能源的使用效率，这才是长远决策。

表 2.5　　　　　　　　　　　　　　产业政策实施绩效

	能源消耗 (lener)	单位能耗 (lxene)	废气排放量 (lmgas)	单位废排 (lxgas)
前期被解释变量	1.019 *** (35.70)	0.920 *** (29.87)	0.442 *** (3.37)	0.390 *** (6.74)
lrgdp	−0.391 *** (−2.51)	−1.178 *** (−6.79)	0.556 *** (3.65)	−0.285 *** (−2.20)
lind1	−0.402 *** (−2.46)	−0.415 *** (−2.39)	−0.639 (−1.62)	−0.332 *** (−2.25)
lind2	−0.384 *** (−2.80)	−0.340 *** (−2.36)	−0.828 *** (−2.96)	−0.598 *** (−6.38)
C	0.037 (0.16)	0.368 *** (3.11)		
AR (1)	−2.55 (P = 0.011)	−2.71 (P = 0.007)	−2.36 (P = 0.018)	−2.83 (P = 0.005)
AR (2)	0.44 (P = 0.657)	0.45 (P = 0.650)	−0.95 (P = 0.343)	−1.12 (P = 0.264)
Hansen test	28.36 (P = 1.000)	27.66 (P = 1.000)	22.12 (P = 1.000)	26.84 (P = 1.000)
估计方法	一步系统 GMM	一步系统 GMM	两步差分 GMM	两步差分 GMM

注：表中变量回归结果的括号内为估计系数的 t 统计量，*** 、** 、* 分别表示在 1% 、5% 、10% 水平上显著；自回归（AR）检验和 Hansen 过度识别检验结果的括号内是 P 值结果；估计方法选项包括四种：一步差分 GMM 估计、两步差分 GMM 估计、一步系统 GMM 估计、两步系统 GMM 估计。

　　基于已有观点，人力资本积累水平的提高有利于增强技术溢出效应，从而提升企业能源效率。但这一观点有一个前提，人力资本需要作用于企业的技术效率，通过技术溢出效应来最终提升能源效率。因此，如果人力资本没有积累到技术溢出效应显示效果的边界，企业能源效率不一定会明显提高。表 2.6 的估计结果显示，人力资本指标对能源消耗、单位能耗的回归系数分别为 0.621 、0.511 ，这两个结果均在 1% 水平上显著，这基本上证明了中国现阶段人力资本还没有积累到促使企业能源效率提高的合理边界，因此在没有积累到这一边界的现阶段，人力资本与能源消耗呈正方向变化。但废气排放的回归结果显示了另一方向的变化，人力资本指标对废气排放量、单位废气排放的回归系数均为负值，分别为 −0.105 、−0.166 ，这两个结果分别在 10% 、1% 水平上显著，这表明了随着中国人力资本的不断提高，中国废气排放总量和单位产值的废气排放呈下降的趋势。经验结果证明了有助于提高人力资本的发展政策可以促进环境负荷的降低，并且随着中国人力资本的不断积累，能源的利用效率会从下降转为上升。

表 2.6　　　　　　　　　　人力资本发展政策实施绩效

	能源消耗 （lener）	单位能耗 （lxene）	废气排放量 （lmgas）	单位废排 （lxgas）
前期被解释变量	1.124 *** （26.40）	1.402 *** （30.93）	0.348 *** （6.05）	0.378 *** （6.50）
lrgdp	−0.741 *** （−9.32）	−1.478 *** （−59.43）	0.656 *** （3.37）	−0.317 *** （−2.06）
lhcap	0.621 *** （8.78）	0.511 *** （18.38）	−0.105 * （−1.74）	−0.166 *** （−2.63）
C				
AR（1）	−3.22 （P = 0.001）	−1.93 （P = 0.054）	−2.81 （P = 0.005）	−3.10 （P = 0.002）
AR（2）	−0.80 （P = 0.423）	−1.23 （P = 0.217）	−1.40 （P = 0.163）	−1.40 （P = 0.161）
Hansen test	27.83 （P = 1.000）	28.50 （P = 1.000）	23.47 （P = 1.000）	25.99 （P = 1.000）
估计方法	两步差分 GMM	两步差分 GMM	两步差分 GMM	两步差分 GMM

注：表中变量回归结果的括号内为估计系数的 t 统计量，***、**、* 分别表示在 1%、5%、10% 水平上显著；自回归（AR）检验和 Hansen 过度识别检验结果的括号内是 P 值结果；估计方法选项包括四种：一步差分 GMM 估计、两步差分 GMM 估计、一步系统 GMM 估计、两步系统 GMM 估计。

表 2.7 估计结果尽管无法证明城市化与废气排放量的直接关系，但可以显示出城市化与单位废气排放量的必然联系。数据显示，各地区城市化比例每提高 1 个百分点，单位地区生产总值的废气排放量会增加 0.267 个百分点。因此可以认为，城市化是一个渐进的过程，目前，各地需要考虑城市的容纳能力，逐渐推动城市化进程，避免造成过度的地区环境问题。另外，经验数据显示，各地区城市化比例每提高 1 个百分点，能源消耗总量会减少 0.128 个百分点，单位地区生产总值的废气排放量会降低 0.241 个百分点。由此可认为，城市化进程的加快没有导致中国各地区能源消费总量以及单位能耗的快速增长，相反，随着城市化进程的加快，各地区能源消费总量和单位能耗有下行的趋势。

表 2.7　　　　　　　　　　　　城市化政策实施绩效

	能源消耗 （lener）	单位能耗 （lxene）	废气排放量 （lmgas）	单位废排 （lxgas）
前期被解释变量	1.645 *** (107.37)	1.800 *** (38.45)	0.984 *** (32.63)	0.450 *** (9.61)
lrgdp	−0.281 *** (−11.93)	−1.269 *** (−31.76)	0.190 (0.80)	−0.222 *** (−1.88)
lcity	−0.128 *** (−2.75)	−0.241 *** (−2.96)	−0.284 (−1.40)	0.267 *** (2.23)
C			0.233 (0.95)	
AR（1）	−1.69 (P=0.091)	−1.88 (P=0.061)	−3.77 (P=0.000)	−3.45 (P=0.001)
AR（2）	−0.28 (P=0.778)	−0.18 (P=0.857)	−1.18 (P=0.238)	−1.51 (P=0.130)
Hansen test	27.90 (P=1.000)	28.10 (P=1.000)	26.23 (P=1.000)	27.24 (P=1.000)
估计方法	两步差分 GMM	两步差分 GMM	两步系统 GMM	两步差分 GMM

注：表中变量回归结果的括号内为估计系数的 t 统计量，***、**、* 分别表示在1%、5%、10%水平上显著；自回归（AR）检验和 Hansen 过度识别检验结果的括号内是 P 值结果；估计方法选项包括四种：一步差分 GMM 估计、两步差分 GMM 估计、一步系统 GMM 估计、两步系统 GMM 估计。

　　表 2.8 估计结果也表明了市场化与能源消耗的关联性。数据显示，各地区市场化进程每提高 1 个百分点，能源消耗总量会降低 0.092 个百分点，单位能耗会降低 0.094 个百分点。这说明不断完善的市场化建设会限制能源消费总量的消耗以及提高能源单位利用的效能。但是，鉴于市场化与能源消耗之间存在统计上显著但经济上有微弱影响的相关关系，因此现阶段仍需依靠政府政策引导企业采用新技术提高能源的使用效率。同时，表 2.8 检验结果无法证实市场化政策与废气排放量的直接关联，但证明了市场化与单位废气排放量的直接关系。数据显示，各地区市场化进程每提高 1 个百分点，单位废气排放量会降低 0.030 个百分点。但市场化与单位废气排放量之间也存在统计上显著但经济上有微弱影响的相关关系。因此，这一检验结果基本上证实了卢现祥、徐晶（2011）的观点。总之，政府可以效仿先进国家，提供政策上的鼓励措施以提高能源的使用效率和减少碳排放。

表 2.8 市场化政策实施绩效

	能源消耗 (lener)	单位能耗 (lxene)	废气排放量 (lmgas)	单位废排 (lxgas)
前期被解释变量	1.263 *** (72.56)	1.362 *** (31.05)	0.980 *** (17.53)	0.464 *** (12.17)
lrgdp	-0.535 (-11.44)	-1.476 (-11.04)	0.338 (1.29)	-0.317 *** (-3.11)
lmark	-0.092 *** (-6.86)	-0.094 *** (-4.63)	-0.036 (-0.68)	-0.030 *** (-2.29)
C			0.261 (0.52)	
AR (1)	-3.28 (P = 0.001)	-3.26 (P = 0.001)	-3.76 (P = 0.000)	-3.56 (P = 0.000)
AR (2)	-1.10 (P = 0.272)	-0.92 (P = 0.356)	-1.29 (P = 0.199)	-1.26 (P = 0.207)
Hansen test	28.27 (P = 1.000)	27.24 (P = 1.000)	29.26 (P = 1.000)	28.45 (P = 1.000)
估计方法	两步差分 GMM	两步差分 GMM	两步系统 GMM	两步差分 GMM

注：表中变量回归结果的括号内为估计系数的 t 统计量，***、**、* 分别表示在 1%、5%、10% 水平上显著；自回归（AR）检验和 Hansen 过度识别检验的括号内是 P 值结果；估计方法选项包括四种：一步差分 GMM 估计、两步差分 GMM 估计、一步系统 GMM 估计、两步系统 GMM 估计。

　　表 2.9 估计结果显示，公共财政政策与能源消耗总量、单位能耗有微弱的负相关关系，且政府税收在地区生产总值上的比重每增加 1 个百分点，能源消耗总量会降低 0.083 个百分点，单位能耗会下降 0.190 个百分点。另一估计结果则显示出，公共财政政策与废气排放总量、单位废气排放量有微弱正相关关系，且政府税收在地区生产总值上的比重每增加 1 个百分点，废气排放总量会上升 0.172 个百分点，单位废气排放量会微弱上升 0.026 个百分点。因此可以认为，全社会（包括消费者、企业和政府）都有责任减少能源的消费总量，尤其是减少碳排放较多和对环境造成较大损害的能源的使用比例。正如国务院发展研究中心课题组（2011）所说，如果企业不需要为排放支付成本，企业就没有动力采取节能措施，故为了促使企业节能，政府应提供相等、公平的激励措施促使企业节能。现阶段政府需要制定易被接受并且功效合理的政策以引导企业和消费者节能减排，最终达到的目标是理论上的"双重红利"，不仅通过有效的政策安排带来环境红利，而且设法保证非环境红

利的实现。

表 2.9 　　　　　　　　　　　　公共财政政策实施绩效

	能源消耗 （lener）	单位能耗 （lxene）	废气排放量 （lmgas）	单位废排 （lxgas）
前期被解释变量	0.974 *** （39.66）	1.194 *** （61.02）	0.504 *** （9.70）	0.471 *** （13.11）
lrgdp	0.263 * （1.69）	- 0.189 *** （- 4.73）	0.720 *** （5.19）	- 0.311 *** （- 3.94）
lfisc	- 0.083 *** （- 2.48）	- 0.190 *** （- 6.83）	0.172 *** （4.86）	0.026 *** （2.57）
C	- 0.297 * （- 1.70）			
AR（1）	2.01 （P = 0.045）	1.44 （P = 0.101）	- 3.07 （P = 0.002）	- 3.53 （P = 0.000）
AR（2）	1.29 （P = 0.196）	0.49 （P = 0.624）	- 1.20 （P = 0.231）	- 1.31 （P = 0.189）
Hansen test	28.72 （P = 1.000）	28.75 （P = 1.000）	28.79 （P = 1.000）	28.67 （P = 1.000）
估计方法	两步系统 GMM	两步差分 GMM	两步差分 GMM	两步差分 GMM

注：表中变量回归结果的括号内为估计系数的 t 统计量，***、**、* 分别表示在1%、5%、10%水平上显著；自回归（AR）检验和 Hansen 过度识别检验结果的括号内是 P 值结果；估计方法选项包括四种：一步差分 GMM 估计、两步差分 GMM 估计、一步系统 GMM 估计、两步系统 GMM 估计。

第四节　小结

能源、环境问题迫切要求中国必须改变以往消耗型经济增长模式。本章依托布罗姆利（2006）理论框架，在已有关于主要政策与能源、环境之间关联性的研究基础上，基于 1992—2010 年省际数据构建动态面板模型，运用广义矩估计方法检验了能源、环境约束下贸易政策和其他主要公共政策实施的绩效。

检验结果证实了对外开放政策与废气排放量、单位废气排放量的直接正向关系。因此，贸易增长伴随的环境破坏不容忽视。研究建议是，需要加强国内产品的环境规制管理，采取综合措施协调贸易、环境与经济发展之间的关系。

研究建议是：一方面，中国应侧重发展低耗能、低排放的绿色产业；

另一方面，政府需要增加政策供给以引导企业采用新技术，提高能源使用效率和减少碳排放。

总之，在保持对外开放总方针不变的前提下，应从政策上引导向低耗能、低排放的贸易结构调整。

第三章　贸易对环境影响的非线性特征

　　进出口贸易对不同宏观变量的效应研究一直是国际经济学界的研究主题。当前，中国经济发展中不平衡、不协调、不可持续问题突出，经济增长的资源环境约束逐渐强化，外贸政策随之产生重大变迁。[①] 为顺应一系列政策变迁，尤其是面对经济增长趋势下缓、收入差距扩大以及能源供给短缺、全球温室气体排放增多等可持续发展问题，进出口贸易对环境、生产率、收入的效应正成为中国国际贸易研究的主要内容。

　　在贸易效应的回归分析中，学者们常常关心系数估计值是否稳定，即如果将整个样本分成若干个子样本分别进行回归，是否还能得到大致相同的估计系数（陈强，2010）。随着经济体制改革和经济结构的升级，杨继生和王少平（2008）认为，很多经济变量调整呈渐进式变化，在直观上表现出非线性调整的特征，在面板模型中引入非线性调节机制是研究中国现实经济问题的实际需要。以贸易与增长为例，国外学者 Foster（2006）提出，应使用门限面板技术探讨出口贸易和经济增长之间基于第三方条件的关联效应。他的经验研究证明，人均 GDP 水平是非洲主要国家出口贸易和经济增长存在关联效应的有效门限变量，那些人均 GDP 水平较低国家的出口贸易对经济增长影响的正向效果较突出。那么，中国不同地区进出口贸易针对不同的宏观变量是否呈现出基于人均 GDP 水平的非线性特征？针对不同宏观变量，非线性影响效果是否存在差异？

　　面对加快转变中国经济发展方式的新形势，本章将借鉴国内外最新

---

　　① 2006 年，中国发布"十一五"规划纲要提出"加快转变对外贸易增长方式"的新的贸易发展思路，为适应"十二五"规划着重强调的从"增长"到"发展"战略目标调整的需要，2012 年，商务部再次发布关于"加快转变外贸发展方式"的指导性意见。

研究成果，应用非线性面板门限模型判断和识别进出口贸易在不同宏观政策设计下机制转换的非线性特征，为确保转变发展方式、改善民生、保护环境等规划目标的实现提出了有质量、有针对性、立足于长远的决策建议。

第一节　门限模型理论和构建方法

对于面板数据，Hansen（1999）考虑了如下两区制门限回归模型：

$$y_{it} = \begin{cases} \mu_i + \beta'_1 x_{it} + \varepsilon_{it}, & q_{it} \leqslant \gamma \\ \mu_i + \beta'_2 x_{it} + \varepsilon_{it}, & q_{it} > \gamma \end{cases} \quad i = 1, 2, \cdots, n \tag{3.1}$$

其中，x_{it} 为由解释变量构成的 m 维向量；β_1, β_2 为回归系数向量；q_{it} 为门限变量（既可是解释变量中的一个回归元，也可是某一独立门限变量）；γ 为门限值；ε_{it} 为随机扰动项，且 $\varepsilon_{it} \sim iid(0, \delta^2)$。为简化方程形式，两区制门限回归模型可表示为：

$$y_{it} = \mu_i + \beta'_1 x_{it} I(q_{it} \leqslant \gamma) + \beta'_2 x_{it} I(q_{it} > \gamma) + \varepsilon_{it} \tag{3.2}$$

其中 $I(\cdot)$ 为示性函数。定义 $\beta = \begin{pmatrix} \beta_1 \\ \beta_2 \end{pmatrix}$，$x_{it}(\gamma) = \begin{pmatrix} x_{it} I(q_{it} \leqslant \gamma) \\ x_{it} I(q_{it} > \gamma) \end{pmatrix}$

则方程（3.2）可进一步简化为：

$$y_{it} = \mu_i + \beta' x_{it}(\gamma) + \varepsilon_{it} \tag{3.3}$$

在实际计算上，使用两步法进行估计。首先对于给定的门限值 γ，对模型（3.3）进行参数估计，得到 β 的估计值 $\hat{\beta}(\gamma)$，相应的残差平方和为 $S_1(\gamma)$。根据 Chan（1993）的看法，如果回归中给定的 γ 越接近真实的门限水平，则回归模型的残差平方和应越小。对于 $\gamma \in \{q_{it}: 1 \leqslant i \leqslant n, 1 \leqslant t \leqslant T\}$（$\gamma$ 最多有 nT 个可能取值），对应的残差平方和 $S_1(\gamma)$ 最小的 $\hat{\gamma}$ 即为估计的门限值。因此选择 $\hat{\gamma}$，使得 $S_1(\hat{\gamma})$ 最小，即

$$\hat{\gamma}(\gamma) = \underset{\gamma}{\operatorname{argmin}} S_1(\gamma) \tag{3.4}$$

进而可得估计系数 $\hat{\beta}(\hat{\gamma})$。

在进行门限回归的参数估计后，对门限效应进行两方面的检验：一是门限效应的显著性检验；二是门限估计值的真实性检验。对于是否存在门限效应，模型检验的原假设为 H_0：$\beta_1 = \beta_2$，对应备择假设为 H_1：$\beta_1 \neq \beta_2$。

Hansen（1999）提出使用下面检验统计量：

$$F_1(\gamma) = \frac{S_0 - S_1(\hat{\gamma})}{\hat{\sigma}^2} \tag{3.5}$$

其中，S_0 为在原假设条件下（即无门限效应条件下）的残差项平方和，S_1 为具有门限效应条件下的残差项平方和，$\hat{\sigma}^2$ 为扰动项方差的一致估计。然而，在无门限效应的原假设条件下，门限参数不可识别。因此，检验统计量的渐近分布并非标准的 χ^2 分布，而依赖于样本矩，无法将其分布的临界值列表。Hansen（1996）以统计量本身的大样本分段函数来转换，得到大样本下的 P 值。在原假设成立的条件下，可证明 P 值统计量在大样本下渐近服从均匀分布。因此可采用自抽样法（Bootstrap）来获得其渐近分布，继而构造其 P 值。

在原假设成立的条件下，此时，$\beta_1 = \beta_2$，表明模型不存在门限效应，模型退化为线性模型。如果拒绝 $H_0 : \beta_1 = \beta_2$，则认为存在门限效应，然后可对门限估计值的真实性进行检验，即检验 $H_0 : \gamma = \gamma_0$。Hansen（1996）使用极大似然法检验门限值，对应似然比检验统计量为：

$$LR(\gamma) = \frac{S_1(\gamma) - S_1(\hat{\gamma})}{\hat{\sigma}^2} \tag{3.6}$$

其中，$S_1(\hat{\gamma})$，$\delta^2(\hat{\gamma})$ 分别为原假设下进行参数估计后得到的残差平方和与残差方差。由于干扰参数的存在，$LR(\gamma)$ 的渐近分布仍是非标准的，但其累计分布函数为 $(1 - e^{-\frac{x}{2}})^2$。Hansen（2000）计算了其置信区间，即在显著性水平为 α 时，当 $LR(\gamma) \leqslant -2\ln(1 - \sqrt{1 - \alpha})$，不能拒绝原假设。

以上只是考虑单一门限的情况，而在实际经济分析中却很可能出现多个门限值。以两个门限值为例：

$$
\begin{aligned}
y_{it} = {} & \mu_i + \beta'_1 x_{it} I(q_{it} \leqslant \gamma_1) + \beta'_2 x_{it} I(\gamma_1 < q_{it} \leqslant \gamma_2) \\
& + \beta'_3 x_{it} I(q_{it} > \gamma_2) + \varepsilon_{it}
\end{aligned} \tag{3.7}
$$

其中门限值 $\gamma_1 < \gamma_2$。估计方法是先假定单一门限模型中估计出的 $\hat{\gamma}_1$ 为已知，再进行 γ_2 的搜索，其估计和检验方法与第一个门限值相同，得到第二个门限值的残差平方和最小时对应的 $\hat{\gamma}_2$。之后对 $\hat{\gamma}_2$ 进行门限效应检验，此时原假设为 H_0：只有唯一门限存在；H_1：存在两个门限，对应的检验统计量为：

$$F_2(\gamma) = \frac{S_1(\hat{\gamma}_1) - S_2(\hat{\gamma}_2)}{\hat{\sigma}_2{}^2} \qquad (3.8)$$

同样利用 Bootstrap 方法模拟出似然比统计量的渐近分布及对应的 P 值，进而判断是否拒绝原假设。需要注意的是，Bai（1997）的研究表明，$\hat{\gamma}_2$ 是渐近有效的，但 $\hat{\gamma}_1$ 并不具有此性质。因此可固定 $\hat{\gamma}_2$ 对 $\hat{\gamma}_1$ 进行重新搜索，从而获得其优化后的一致估计量 $\hat{\gamma}_1$。然后仍需使用相应的似然比统计量检验所得门限值是否与真实门限值一致。如果拒绝原假设，表明搜索到的门限值即为真实值。此时再重复上述步骤，搜索第三个甚至更多个门限值，直到不能拒绝原假设为止，才可以确定门限个数。

第二节　实证设计

一　变量选取方法

本节选取环境、生产率、收入等不同宏观指标作为被解释变量，选取出口贸易总额、进口贸易总额作为门限变量影响的二维解释变量，门限变量为反映地区经济发展水平的人均 GDP 变量。原始数据基本上取自中经网统计数据库，初始总样本数共 570 个，覆盖了 30 个省 1992—2010 年的样本数据。

（一）被解释变量

1. 环境指标：碳排放（co_2）和碳排放强度（qco）。按照 IPCC（2006）提供的方法，可以计算出二氧化碳排放值：

$$co_2 = eng \times ecc \times (1 - cso) \times com \times hot \qquad (3.9)$$

在式（3.9）中，co_2 是各地区碳排放值；eng 是能源消费值；ecc 是某能源的碳排放系数；$1 - cso$ 是碳氧化因子（cso 是某能源消耗未被过氧化的部分）；com 是二氧化碳与碳分子的重量比；hot 是某能源消耗过程的热值。又因为通常假定 cso 为 0，且 com 通常等于 44 除以 12 的比值，于是式（3.9）变为：

$$co_2 = (44/12) \times eng \times ecc \times hot \qquad (3.10)$$

各地区能源消费值的计算主要基于《中国能源统计年鉴》中能源平衡表中最终能源消费数据（万吨标准煤）进行分类核算；IPCC（2006）提供了不同煤燃料的碳排放系数以及热值，可以取它们的平均值作为标准煤的碳排放系数和热值。据式 (3.10)，计算出各地区二氧化碳排放量（万吨）。

各地区碳排放强度 (qco) 指标是各地区二氧化碳排放量与实际生产总值的比值，以消除地区生产总值大小的影响。

2. 生产率指标：全要素生产率 (tfp)。近年来，基于 DEA 的非参数 Malmquist 生产率指数法被广泛应用于 TFP 的测量（王冬、吕延方，2012）。接下来，将重点解释它的测算过程。以 t 时期技术 T^t 为参照，基于产出角度的 Malmquist 生产率指数（简写为 mqt）可以表示为：

$$mqt_0^t(inp_{t+1}, oup_{t+1}, inp_t, oup_t) = d_0^t(inp_{t+1}, oup_{t+1}) / d_0^t(inp_t, oup_t)$$

$$(3.11)$$

其中，$(inp_{t+1}, oup_{t+1})(inp_t, oup_t)$ 分别表示 $t+1$ 时期和 t 时期的投入和产出向量；d_0^t 表示以 t 时期技术 T^t 为参照的距离函数。

同理，以 $t+1$ 时期技术 T^{t+1} 为参照，基于产出角度的生产率指数可以表示为：

$$mqt_0^{t+1}(inp_{t+1}, oup_{t+1}, inp_t, oup_t) = d_0^{t+1}(inp_{t+1}, oup_{t+1}) / d_0^{t+1}(inp_t, oup_t)$$

$$(3.12)$$

d_0^{t+1} 表示以 $t+1$ 时期技术 T^{t+1} 为参照的距离函数。

则从 t 时期到 $t+1$ 时期生产率变化的 Malmquist 指数为式 (3.11) 和式 (3.12) 结果的几何平均值：

$$mqt_0^{t,t+1}(inp_{t+1}, oup_{t+1}, inp_t, oup_t) =$$

$$\left[\frac{d_0^t(inp_{t+1}, oup_{t+1})}{d_0^t(inp_t, oup_t)} \times \frac{d_0^{t+1}(inp_{t+1}, oup_{t+1})}{d_0^{t+1}(inp_t, oup_t)} \right]^{1/2}$$

$$(3.13)$$

若式 (3.13) 取值结果大于 1，则表示从 t 时期到 $t+1$ 时期存在正的全要素生产率增长率，解释为生产率状况的改进；反之，若取值结果小于 1，则表示从 t 时期到 $t+1$ 时期存在负的全要素生产率增长率，可解释为生产率状况的恶化。

本章以各地区实际生产总值作为产出变量，以实际资本存量和劳动数据作为投入变量，依据式 (3.13)，使用 DEAP 软件测算得出 Malmquist 全要素生产率指数 (tfp)。其中，实际生产总值是利用各年各地区 GDP 指数不变价（基期 1991 = 100）对各地区现价国内生产产值平减得到；实际资本存量采用永续盘存法获得（王静、张西征，2012）；劳动数据选取数据库里各地年末从业人员数。

3. 收入指标包括城镇人均收入（cds）、农村人均收入（nds）和城乡收入比（cns）。前两个指标作为被解释变量以了解城市、农村人均收入变动趋势特征；后一个指标作为被解释变量以了解各地区城乡二元收入结构的差异，且城乡人均收入的比值是可以反映收入分配状况的重要可取指标（余官胜，2009a）。城镇人均收入指标通过各年各地区城市居民消费价格指数不变价（基期 1991 = 100）对各地区现价城镇家庭平均每人可支配收入（元）平减获得。农村人均收入指标通过各年各地区农村居民消费价格指数不变价（基期 1991 = 100）对各地区现价农村居民家庭人均年纯收入（元）平减得到。城乡收入比指标就是前面两个不变价家庭人均收入指标的比值。

（二）贸易解释变量

解释变量主要包括两个贸易指标：出口贸易和进口贸易。原始数据均来自中经网数据库。

1. 出口贸易：出口贸易总额（exp）。利用国际货币基金组织提供的实际有效汇率指数（基期 1991 = 100）对数据库中按经营单位所在地分出口总额（亿元）平减得到。

2. 进口贸易：进口贸易总额（imp）。利用国际货币基金组织提供的实际有效汇率指数对数据库中按经营单位所在地分进口总额（亿元）平减得到。

（三）门限变量和控制变量

这里设定人均 GDP 为门限变量。人均 GDP（gpc）经常被作为衡量地区发展水平的指标，这里使用上面获得的各地区实际生产总值除以各地年底总人口数来测算（万元/人）。门限变量也作为解释变量被纳入门限模型。同时，模型中还包括另外两个控制变量，分别从强度和增长速度测算贸易对不同宏观变量的影响效果。进出口贸易强度（opn）：前面平减获得的出口、进口贸易总额之和除以实际生产总值的比值。贸易变化率（trg）：当年实际进出口总额与前一年实际进出口总额相减后的差额与前一年实际进出口总额的比值。

二 实证模型设计（1）

表 3.1 显示了样本数据中以上变量的统计特征。最终的检验模型将对所有变量取对数①，以衡量解释变量在变动 1% 的情况下被解释变量的变

---

① 取对数后各变量名称前加 l。

化程度。对数模型的优点主要有两个：一是能避免表 3.1 中主要被解释变量分布较宽的问题，抑制非正常值的影响；二是由于主要测量的是百分比的变化，可以直接估计弹性值，避免变量不同对测量尺度的影响。

表 3.1　　　　　　　　　贸易效应模型的变量统计特征

变量名称		中值	标准差	最小值	最大值	观察样本
全要素生产率（tfp）	总样本	1.47	0.41	0.87	2.91	N = 494
	样本间		0.13	1.26	1.78	n = 26
	样本内		0.39	0.70	2.71	T = 19
城镇人均收入（cds）	总样本	3589.15	1727.68	1391.92	10564.47	N = 515
	样本间		802.54	2061.58	6036.25	n = 30
	样本内		1553.11	476.1443	8596.135	T = 17
农村人均收入（nds）	总样本	1323.35	685.64	447.06	4782.65	N = 513
	样本间		483.38	730.31	2625.12	n = 27
	样本内		494.63	-4.88	3480.89	T = 19
城乡收入比（cns）	总样本	2.85	0.80	1.48	5.54	N = 509
	样本间		0.74	1.96	4.59	n = 27
	样本内		0.35	1.47	3.94	T = 19
碳排放（co_2）	总样本	8202.97	8427.57	81.58	69736.08	N = 570
	样本间		5589.79	250.56	23093.58	n = 30
	样本内		6384.82	-4519.53	59750	T = 19
碳排放强度（qco）	总样本	0.63	0.43	0.04	3.28	N = 570
	样本间		0.32	0.13	1.56	n = 30
	样本内		0.29	0.11	2.72	T = 19
出口贸易（exp）	总样本	1613.53	4482.12	0.65	44130.62	N = 570
	样本间		3166.44	17.44	15441.19	n = 30
	样本内		3221.84	-9972.30	30302.96	T = 19
进口贸易（imp）	总样本	1372.25	3665.41	0.99	32300.6	N = 570
	样本间		2634.98	8.91	11848.29	n = 30
	样本内		2590.71	-6950.44	21824.56	T = 19

三 实证模型设计（2）

本章拟从三个方面的经验验证进出口贸易对不同宏观变量影响的门限特征。并以人均 GDP 作为门限变量，依次对受门限变量影响的解释变量进行门限检验和估计。

关于基于人均 GDP 的出口贸易对生产率的溢出模型，首先建立单一门限效应模型：

$$ltfp_{it} = \alpha_1 lexp_{it} I(gpc_{it} \leq \gamma) + \alpha_2 lexp_{it} I(gpc_{it} > \gamma) + \beta_1 lgpc_{it}$$
$$+ \beta_2 lopn_{it} + \beta_3 trg_{it} + \varepsilon_{it} \tag{3.14}$$

其中，$ltfp_{it}$ 为被解释变量，是以对数形式表示的 i 地区 t 年的全要素生产率；exp 为受门限变量影响的解释变量，表示出口贸易总额；$I(\cdot)$ 是示性函数；gpc 为门限变量，表示人均实际生产总值，其对数形式在模型中同时作为控制变量存在；γ 为特定的门限值，于是 α_1，α_2 分别为门限变量 $gpc_{it} \leq \gamma$，$gpc_{it} > \gamma$ 时出口贸易对全要素生产率的影响系数；opn 为控制变量，表示进出口贸易强度；trg 表示贸易变化率；$\varepsilon_{it} \sim$ iid $(0, \sigma^2)$。

或者，基于门限效应检验结果，建立双重门限效应模型：

$$ltfp_{it} = \alpha_1 lexp_{it} I(gpc_{it} \leq \gamma_1) + \alpha_2 lexp_{it} I(\gamma_1 < gpc_{it} \leq \gamma_2)$$
$$+ \alpha_3 lexp_{it} I(gpc_{it} > \gamma_2) + \beta_1 lgpc_{it} + \beta_2 lopn_{it} + \beta_3 trg_{it} + \varepsilon_{it}$$
$$\tag{3.15}$$

其中，α_1，α_2，α_3 分别为门限变量 $gpc_{it} \leq \gamma_1$，$\gamma_1 < gpc_{it} \leq \gamma_2$，$gpc_{it} > \gamma_2$ 时出口贸易对全要素生产率的影响系数。

相应地，可以构建基于人均 GDP 的进口贸易对生产率溢出的单一、双重门限效应模型：

$$ltfp_{it} = \alpha_1 limp_{it} I(gpc_{it} \leq \gamma) + \alpha_2 limp_{it} I(gpc_{it} > \gamma) + \beta_1 lgpc_{it}$$
$$+ \beta_2 lopn_{it} + \beta_3 trg_{it} + \varepsilon_{it} \tag{3.16}$$

$$ltfp_{it} = \alpha_1 limp_{it} I(gpc_{it} \leq \gamma_1) + \alpha_2 limp_{it} I(\gamma_1 < gpc_{it} \leq \gamma_2)$$
$$+ \alpha_3 limp_{it} I(gpc_{it} > \gamma_2) + \beta_1 lgpc_{it} + \beta_2 lopn_{it} + \beta_3 trg_{it} + \varepsilon_{it}$$
$$\tag{3.17}$$

其中，$limp_{it}$ 为受门限变量影响的解释变量，表示 i 地区 t 年的进口贸易总额。

收入模型考虑了三个宏观变量（城镇人均收入、农村人均收入、城乡收入比），将式（3.14—3.17）的被解释变量依此替换为 lcds、lnds、lcns，分别构建六个单一或双重门限模型：基于人均 GDP 的出口贸易（或进口贸易）对城镇人均收入、农村人均收入、城乡收入比溢出的门限效应模型（模型 3，模型 4，模型 5，模型 6，模型 7，模型 8）。

环境模型考虑了两个宏观变量（碳排放总量、碳排放强度），将式（3.14—3.17）的被解释变量依此替换为 lco_2、$lqco$，分别构建四个模型：基于人均 GDP 的出口贸易（或进口贸易）对地区碳排放总量、碳排放强度溢出的门限效应模型（模型 9，模型 10，模型 11，模型 12）。

四 检验方法

（一）数据平稳性检验

在正确设定模型和估计参数之前，需要对各个面板数据序列进行单位根检验。本章应用 LLC、IPS 以及 Fisher-ADF 进行面板数据序列的平稳性检验。通过表 3.2 面板数据单位根检验的结果，可以看出，除个别情形外，无论是针对同质面板假设的检验，还是针对异质面板假设的其他两种检验，模型中的回归变量均平稳，因此将各变量一起纳入回归模型。

（二）门限效应的检验

在实证研究中，本章按照 Hansen（1999）的建议，只搜索门限变量 gpc_{it} 中的非重复值，对这些非重复值进行升序排列，忽略前后各约 1% 的观测值，仅以中间 98% 样本作为门限值候选范围，即在 [1%，99%] 区间内搜索。为了提高门限值估计的精确度，本章采用 Hansen 在门限回归中所使用的"格栅搜索法"，以给出门限回归中的门限值 γ。首先以 0.0025 作为格栅化水平，将门限值范围进行格栅化处理。然后，使用格栅化后得到的全部格点作为候选门限值 γ，逐一对模型进行估计并获取其残差平方和，选择模型残差平方和最小时所对应的门限值，即为门限估计值 $\hat{\gamma}$。双重门限值的搜索原理为：首先在单一门限假设成立的前提下，假设门限值为 $\hat{\gamma}_1 = \gamma^*$，寻找使得残差平方和 $S(\gamma^*, \gamma_2)$ 最小的 γ_2 取值，得到可能的门限值 $\hat{\gamma}_2$；然后固定 $\hat{\gamma}_2$ 对 $\hat{\gamma}_1$ 进行重新搜索，寻找使得残差平方和 $S(\gamma_1, \hat{\gamma}_2)$ 最小的门限值，从而获得与单模型一致的第一门限值的渐进有效估计量，即优化后的一致估计量 $\hat{\gamma}_1$。为避免因样本容量过小而造成检验结果的准确度下降，约束每个状态所覆盖的观测量不少于全样本的 10%。并利用 Bootstrap 方法模拟 F 统计量的渐近分布及其临界值，检验是否存在门限效应。本章所有结果均依托 STATA 软件编程计算获得。

表 3.2 面板数据平稳性（单位根）检验

	全要素生产率 (ltfp)	城镇人均收入 (lcds)	农村人均收入 (lnds)	城乡收入比 (lcns)	碳排放 (lco_2)
	(c, t)	(c, t)	(c, t)	(c, t)	(c, t)
LLC	-6.1013 (0.0000)		-4.4868 (0.0000)		-4.6405 (0.0000)
IPS	-3.6311 (0.0001)	-3.6216 (0.0001)	-4.1265 (0.0000)	-1.3873 (0.0827)	-1.5866 (0.0563)
Fisher - ADF	4.3538 (0.0000)	6.2631 (0.0000)	11.7839 (0.0000)	7.3575 (0.0000)	1.5177 (0.0645)
	碳排放强度 (lqco)	出口贸易 (lexp)	进口贸易 (limp)		
	(c, t)	(c, t)	(c, t)		
LLC	-4.6016 (0.0000)	-7.0781 (0.0000)	-11.4181 (0.0000)		
IPS	-2.2999 (0.0107)	-4.2634 (0.0000)	-2.8471 (0.0022)		
Fisher - ADF	42.9611 (0.0000)	1.9699 (0.0244)	3.6155 (0.0001)		

注：括号内为估计量的伴随概率；（c, t）表示检验回归式中同时包括常数项和趋势项；LLC、IPS、Fisher - ADF 零假设为存在单位根。

第三节 检验结果分析

一 贸易与生产率

首先需要确定门限的个数，以便确定模型的形式。这里依次在无门限、一个门限和两个门限的设定下对生产率模型进行估计。表 3.3 显示了生产率模型不同门限检验类型的 F 统计量和采用 Bootstrap 方法得出的 P

值，门限变量人均 GDP 的单一门限和双重门限均在 1% 显著性水平下显著，相应的抽样 P 值都为 0.000，而三重门限效果在 10% 显著性水平下并不显著，P 值为 0.150，因此以人均 GDP 为门限的出口影响生产率模型将基于双重门限模型（式 (3.15)）进行分析。

表 3.3　　　　　　　　　　生产率模型的门限效果检验

模型	门限检验类型	F 统计量	P 值	临界值		
				1%	5%	10%
模型 1 （出口）	单一门限检验	18.747 ***	0.000	16.944	15.645	13.675
	双重门限检验	12.763 ***	0.000	8.434	8.014	7.385
	三重门限检验	17.623	0.150	61.395	40.710	12.351
模型 2 （进口）	单一门限检验	25.196 ***	0.000	15.086	14.608	9.200
	双重门限检验	14.582 ***	0.000	5.696	5.222	4.098
	三重门限检验	12.082	0.150	41.666	19.388	15.060

注：P 值和临界值均采用 Bootstrap 方法（"自抽样法"）反复抽样（rep = 500）得到的结果；*** 、** 、* 分别代表 1%、5% 和 10% 的显著性水平。

　　然后关注门限的估计值和置信区间。以人均 GDP 为门限的出口影响生产率模型为例，表 3.4 显示了人均 GDP 两个门限的估计值和置信区间。两个门限估计值是指似然比检验统计量 LR 为零时 γ 的取值，在表 3.4 中分别是 0.324 和 0.624，0.230 和 0.324。图 3.1 和图 3.2 的似然比函数图能够帮助更为清楚地理解两个门限估计值和置信区间的构筑过程。两个门限估计值的 95% 置信区间是指所有 LR 值小于 5% 显著性水平下临界值的 γ 构成区间，在原假设接受域内，即两个门限值都与实际门限值相等。

表 3.4　　　　　　　　　　生产率模型的门槛估计值和置信区间

	模型 1（出口）		模型 2（进口）	
	估计值	95% 置信区间	估计值	95% 置信区间
门槛值 $\hat{\gamma}_1$	0.324	/0.307, 0.797/	0.230	/0.181, 0.797/
门槛值 $\hat{\gamma}_2$	0.624	/0.220, 1.099/	0.324	/0.317, 0.329/

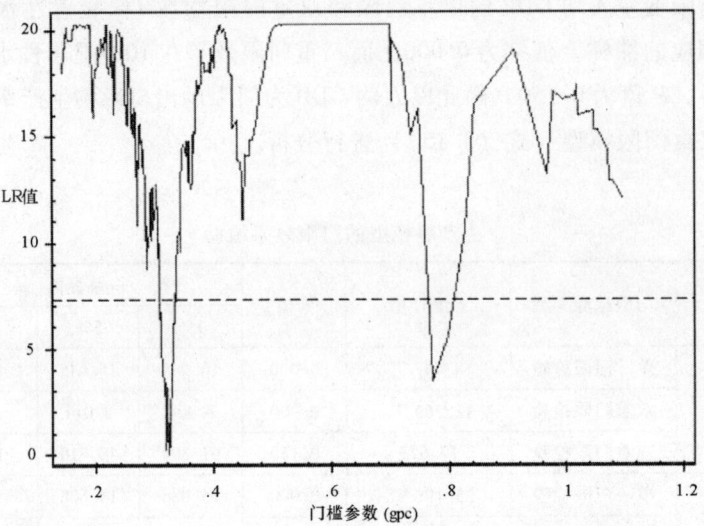

图 3.1　生产率模型 1 的第一个门槛估计值和置信区间

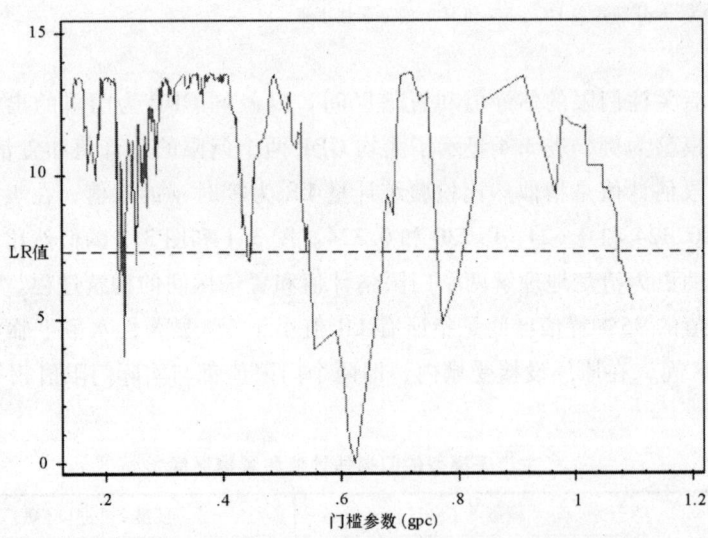

图 3.2　生产率模型 1 的第二个门槛估计值和置信区间

　　其他模型形式依此设定，因篇幅有限不再赘述，最终完成了生产率模型估计结果。

首先说明生产率模型门限值对应的区间数据。人均 GDP 小于 0.324 的地区在 20 世纪 90 年代初基本上覆盖了除北京、天津、上海、广东、辽宁外的大部分地区，目前，人均 GDP 小于 0.324 的地区仅覆盖中西部落后地区。大于 0.624 的地区则仅包括北京、上海、天津（1994 年以后）。人均 GDP 小于 0.230 的地区在 20 世纪 90 年代初覆盖了除北京、天津、上海、广东、浙江等东部沿海省市外的大部分中西部地区，目前，人均 GDP 小于 0.230 的地区仅包括西藏、贵州。

表 3.5　　　　　　　　　　生产率模型估计结果

解释变量	模型 1（出口）	模型 2（进口）
	双重门槛	双重门槛
$lexp\_1$	0.0423 ** （1.90）	
$lexp\_2$	0.0135 （0.61）	
$lexp\_3$	0.0245 （1.10）	
$limp\_1$		0.0671 *** （4.30）
$limp\_2$		0.0403 *** （2.58）
$limp\_3$		0.0522 *** （3.36）
$lgpc$	0.5747 *** （17.27）	0.4539 *** （12.10）
$lopn$	0.1898 *** （8.19）	0.1502 *** （8.29）
trg	-0.0369 *** （-2.84）	-0.0379 *** （-2.97）
c	1.0409 *** （6.28）	0.6897 *** （5.60）
F 值	F = 833.28　Prob > F = 0.0000	F = 866.08　Prob > F = 0.0000
R^2	0.92	0.92

注：括号内为各系数所对应的 t 统计量；***、**、* 分别代表 1%、5% 和 10% 的显著性水平。

其次重点分析出口和进口贸易对生产率影响的门限特征。研究发现，出口变量对生产率的影响存在基于人均 GDP 的门限特征。其中，当人均 GDP 实际值小于 0.324 万元时，出口贸易对生产率存在统计意义上显著的正向影响（0.0423）。当人均 GDP 达到或超过 0.324 万元时，出口贸易对生产率的正向影响系数降低为 0.0135，并且统计上没有通过 10% 的显著水平检验。当人均 GDP 达到或超过第二个门限值（0.624）时，虽然出口贸易对生产率的正向影响系数回升至 0.0245，但是统计上仍然没有通过 10% 的显著水平检验。因此，样本数据只能证明当人均 GDP 小于 0.324 万元时，出口贸易对生产率有显著的正向影响效果。数据显示，现阶段中国中西部地区的出口对生产率存在显著的促进作用，存在较显著的正向外溢效果。2006 年召开的中央经济工作会议强调，要加快转变外贸增长方式。针对出口贸易，中国学者裴长洪、林江（2006）适时提出了转变出口贸易增长方式的具体举措，例如，出口退税政策应尽量激励沿海地区向新的比较优势转移，对出口退税率实行动态和结构性调整，在出口退税上应采取一定程度的地区性差别政策，以有利于低端出口产品的生产和一部分加工贸易生产向中西部地区梯度转移，加快沿海地区出口贸易增长方式的转变。

　　研究还发现，进口变量对生产率的影响系数均通过了统计上 1% 的显著水平检验，且存在基于人均 GDP 的门限特征。其中，人均 GDP 小于第一个门限值（0.230）万元时，进口贸易对生产率的正向影响系数最大（0.0671）。当人均 GDP 达到或超过 0.230 万元时，进口贸易对生产率的正向影响系数降低为 0.0403。当人均 GDP 达到或超过第二个门限值（0.324）时，进口贸易对生产率的正向影响系数回升至 0.0522。经济较落后地区的进口贸易对生产率的正向影响效果虽明显超过了发达地区的影响效果，但是，鉴于人均 GDP 小于第一个门限值（0.230 万元）的地区现阶段仅包括西藏和贵州地区，因而应重点关注其他地区进口贸易的外溢效应。研究认为，随着人均 GDP 水平的提高，进口贸易对中国主要地区生产率影响系数存在先微降后上升的走势。总之，中国主要地区的进口贸易对生产率有着明显的促进作用，其中，中西部大部分地区的进口贸易对生产率的外溢效应略弱于东部发达地区，可以认为，随着人均 GDP 的提高，劳动力学习能力、企业技术吸收能力不断加强，进口的外溢效果将凸显。入世后，中国进口政策进行了若干调整，例如降低关税、非关税壁垒，放开外贸经营权，相关法律法规得到进一步完善等。从本章经验结果来看，东部沿海地区通过进口贸易，充分发挥了市场的调节功能，激励了广大企业进口高新技术、关键技术和设备，加快生产设备的更新换代，提高了生产效率。正如《中国对外贸易形势报告》（2012 年秋季）所指出的，应继续完善进口政策，由东部向中西部辐射，搭建更多的进口促进平台，积极扩大国内短缺的先进技术设备、关键零配件以及部分供应偏紧商品的进口，促进对外贸易的平衡发展。

最后关注控制变量的影响作用。样本数据显示，进出口贸易强度与生产率高度正相关，贸易变化率却与生产率高度负相关。一方面，可以认为，坚持贸易开放政策的地区倾向于赢得较高的全要素生产率；另一方面，需要注意的是，假如不加强地区的人力资本积累，增强贸易对生产率溢出的吸收能力，贸易量的快速增加会对生产率起负向作用。门限变量人均 GDP 经常被作为反映一个地区经济发展水平的特征变量而被考证。表 3.5 数据显示，人均 GDP 与生产率高度正相关。这基本上符合经济学常识，一个相对较发达的地区经常会伴随着技术进步和产出效率的提高。

二 贸易与城乡收入

下文将继续确定收入各模型的门限个数及模型形式。表 3.6 显示了收入各模型的门限效果检验结果，除了城乡收入比的进口变量模型接受原假设为线性模型（单一门限检验 P 值为 0.150）以外，其他模型均拒绝原假设为线性模型，其中城镇人均收入各模型与城乡收入比的出口模型接受原假设为单一门限模型，但拒绝了原假设为双重门限模型，农村人均收入模型均接受原假设为双重门限模型，但拒绝了原假设为三重门限模型。表 3.7 显示了各模型门限估计值和置信区间，表 3.8 则列示了收入各门限模型的参数估计和 t 统计量。

这里要说明一下收入模型门限值对应的区间数据。人均 GDP 小于 0.251 的地区在 20 世纪 90 年代初基本上覆盖了除北京、天津、上海、广东、浙江、江苏、辽宁、山东以外的中西部地区。目前，人均 GDP 小于 0.251 的地区仅覆盖西藏、云南、贵州等西部地区，大部分中西部落后地区介于 0.251 和 0.365 之间，大于 0.365 的地区则覆盖了东部沿海发达地区和中部较发达地区。人均 GDP 大于 0.540 的地区在 20 世纪 90 年代初仅覆盖了北京、上海。目前，人均 GDP 大于 0.540 的地区覆盖了主要东部沿海省市。中西部地区一直处于小于 0.540 的区域。

表 3.6   收入模型门限效果检验

模型分类		门限检验类型	F 统计量	P 值	临界值		
					1%	5%	10%
城镇人均收入	模型 3	单一门限检验	11.681 *	0.100	25.377	25.328	17.507
		双重门限检验	13.009	0.150	18.476	16.780	14.696
		三重门限检验					
	模型 4	单一门限检验	16.394 **	0.050	19.053	14.898	9.836
		双重门限检验	13.892	0.250	58.413	45.259	29.417
		三重门限检验					
农村人均收入	模型 5	单一门限检验	6.368 **	0.050	20.293	13.314	6.167
		双重门限检验	8.918 ***	0.000	8.350	8.297	7.931
		三重门限检验	7.670	0.150	16.285	15.957	14.461
	模型 6	单一门限检验	9.898 *	0.100	17.714	13.921	9.733
		双重门限检验	12.679 ***	0.000	10.395	10.073	7.172
		三重门限检验	11.653	0.300	19.130	18.306	16.618
城乡收入比	模型 7	单一门限检验	15.038 ***	0.000	6.631	5.958	4.663
		双重门限检验	0.399	0.150	29.243	20.026	5.739
		三重门限检验					
	模型 8	单一门限检验	10.111	0.150	18.176	15.804	12.375
		双重门限检验	10.563 **	0.050	10.694	10.087	9.332
		三重门限检验					

注：P 值和临界值均为采用 Bootstrap 方法（"自抽样法"）反复抽样（rep = 500）得到的结果；***、**、* 分别代表 1%、5% 和 10% 的显著性水平。

从贸易影响收入的基于人均 GDP 门限效应检验的结果来看，地区人均实际生产总值与出口导致的城镇人均收入、农村人均收入增加效应正相关，但与出口导致的城乡收入差距扩大效应负相关。出口影响城镇人均收入模型的分段结果显示，1992—2010 年，中国地区人均 GDP 的单一门限值为 0.54 万元，证明了出口对城镇人均收入影响的正效应会随着人均GDP 的变化而变化。当人均 GDP 低于 0.54 时，出口对城镇收入的正向弹性系数可以达到 0.1046；而当经济发展高于这一水平时，该弹性系数降低了 0.0214 个单位。出口影响农村人均收入模型的分段结果显示，与出口

表3.7 收入模型门槛估计值和置信区间

		城镇人均收入		农村人均收入		城乡收入比	
		估计值	95%置信区间	估计值	95%置信区间	估计值	95%置信区间
模型3、模型5、模型7	门槛值 $\hat{\gamma}_1$	0.540	/0.309, 0.543/	0.251	/0.218, 0.487/	0.251	/0.148, 0.267/
	门槛值 $\hat{\gamma}_2$			0.365	/0.141, 0.535/		
模型4、模型6、模型8（进口变量）	门槛值 $\hat{\gamma}_1$	0.364	/0.319, 0.542/	0.251	/0.221, 0.482/		
	门槛值 $\hat{\gamma}_2$			0.365	/0.360, 0.408/		

导致的城镇收入增加效应的单调递减门限特征略微不同，它的影响系数呈 U 形分布：当经济发展处于低水平（ $gpc < 0.251$ ）时，出口对农村的正向弹性系数最大（0.1595）；当经济发展介于中间水平（ $0.251 \leqslant gpc < 0.365$ ）时，出口对农村收入影响的弹性系数最小（0.1367）；当经济发展水平高于第二个门限值 0.365 万元时，出口对农村收入影响的弹性系数回升了 0.0132 个单位。总体上而言，本章估计结果说明，发展出口贸易可以增加城乡人均收入，且经济发展水平较低地区的出口对城乡收入的增加效果较明显，这一结果基本上符合了余官胜（2009b）的研究结论。另外，城乡收入比模型显示，中国发展出口贸易可以在一定程度上改善城乡收入差距，其中，经济发展水平较低地区的出口改善城乡收入差距的效果较明显。当人均 GDP 低于 0.251 时，出口增加 1% 会导致城乡收入比缩小 0.09%；当人均 GDP 越过这一门限值时，出口对城乡收入比影响的负向弹性系数会降低到 -0.0772。中国十一五规划纲要着重提出了"增加农民收入、增加非农产业收入"的若干指导思想，本章经验结果则说明，中国现阶段中西部地区通过发展城乡中间带的出口加工贸易进而增加非农产业收入等举措已初见成效。下一步应由沿海地区先行，侧重优化出口贸易结构，应发展以增加收入、获得新竞争优势为目标的新型出口产业。

表 3.8　　　　　　　　　收入模型估计结果

解释变量	城镇人均收入		农村人均收入		城乡收入比
	模型 3（出口）	模型 4（进口）	模型 5（出口）	模型 6（进口）	模型 7（出口）
	单一	单一	双重	双重	单一
$lexp\_1$	0.1046 *** (3.64)		0.1595 *** (7.66)		− 0.0904 *** （− 4.45）
$lexp\_2$	0.0832 *** (3.64)		0.1367 *** (6.63)		− 0.0772 *** （− 3.82）
$lexp\_3$			0.1499 *** (7.20)		
$limp\_1$		0.0804 *** (3.39)		− 0.0335 * （− 1.68）	
$limp\_2$		0.0643 *** (2.76)		− 0.0629 *** （− 3.25）	
$limp\_3$				− 0.0469 *** （− 2.42）	
$lgpc$	1.0256 *** (18.69)	0.9829 *** (17.55)	0.8488 *** (16.79)	1.0436 *** (19.77)	0.1683 *** (3.94)
$lopn$	0.2634 *** (8.80)	0.2704 *** (9.76)	0.0912 *** (4.13)	0.2870 *** (12.22)	0.1951 *** (9.10)
trg	− 0.0754 *** （− 2.67）	− 0.0827 *** （− 2.94）	− 0.0359 * （− 1.55）	− 0.0293 （− 1.22）	− 0.0463 *** （− 2.30）
c	9.1178 *** (41.26)	9.1748 *** (49.70)	7.3938 *** (44.17)	8.8533 *** (56.01)	1.8684 *** (11.59)
F 值	F = 859.00 Prob > F = 0.0000	F = 862.99 Prob > F = 0.0000	F = 690.54 Prob > F = 0.0000	F = 641.52 Prob > F = 0.0000	F = 71.64 Prob > F = 0.0000
R^2	0.90	0.90	0.90	0.89	0.43

注：括号内为各系数所对应的 t 统计量；***、**、* 分别代表 1%、5% 和 10% 的显著性水平；因为没有通过非线性检验，模型 8 的结果被省略。

地区人均实际生产总值与进口导致的城镇人均收入增加效应正相关，但与进口导致的农村人均收入增加效应负相关，与进口导致的城乡收入扩大效应不相关。进口影响的城镇人均收入模型的分段结果显示，1992—2010 年，中国地区人均 GDP 的单一门限值为 0.364 万元，证明了进口对城镇人均收入影响的正效应会随着人均 GDP 的变化而变化。当人均 GDP 低于 0.364 时，进口对城镇收入的正向弹性系数可以达到 0.0804；而当经济发展高于这一水平时，该弹性系数降低了 0.0161 个单位。与进口导致的城镇收入增加效应的门限特征明显不同，当经济发展处于低水平（$gpc < 0.251$）时，进口对农村人均收入的负向弹性系数最小（-0.0335）；当经济发展介于中间水平（$0.251 \leqslant gpc < 0.365$）时，进口对农村收入影响的弹性系数最大（$-0.0629$）；当经济发展水平高于第二个门限值 0.365 万元时，进口对农村收入影响的负弹性系数回升了 0.0160 个单位。这可以被说明为在现阶段，中国经济发展水平较低地区的进口对城镇人均收入的增加效应较明显，对农村人均收入的降低作用不明显。同时可以观察到，人均 GDP 与进口导致的城乡收入扩大效应不相关。本章经验结果反映出中国不断增加的进口贸易，通过放松市场管制，获得了关键设备和稀缺产品，促进了主要企业效率的提高，进而增加了产值，扩大了就业，提高了城镇居民的收入水平。下一步应延续十二五规划纲要的指导思想，中国的对外开放政策由以出口、吸收外资为主合理转向进口和出口并重，由城市向城乡中间地带辐射，通过发展进口贸易来促进产业新优势的提升，提高广大地区收入水平，以开放促产出、促发展、促收入。

从表 3.8 各收入模型的结果来看，门限变量人均 GDP 与各收入指标高度正相关，这在一定程度上表明，随着一个地区经济发展水平的提高，城镇居民、农村居民人均收入会不断增加，但由于偏向于城市发展的二元结构，城乡间的收入差距略有扩大的趋势。同样，应注意，控制变量进出口贸易强度与收入指标高度正相关，这在一定程度上表明，随着一个地区贸易开放度的提高，城镇居民、农村居民人均收入会不断增加，但由于城镇居民人均收入增加的幅度略微超过农村居民人均收入增加的幅度，城乡间的收入差距略有扩大的趋势。另外一个控制变量——贸易变化率——基本上与收入指标负相关，但影响幅度较小，随着贸易额的快速增加，城乡人均收入有下降的趋势。同时，由于城镇居民下降的趋势超过了农村居民下降的趋势，这从一个侧面抵消了开放经济中城乡收入扩大的贸易正向效应。因此，贸易增加的速度不能过度地超出人民收入水平提高的速度，否则在贸易发展的同时会牺牲居民的福利水平。

贸易与收入的关系一直是国际经济学界争论不休的话题，至今也无法形成统一的意见。检验结论也反映出，贸易对收入的影响存在双刃剑的特征。出口对城乡收入、进口对城镇家庭收入的正向效应的经验检验基本上支持了唐东波、王洁华（2011）的结论：积极参与全球化贸易有利于中国初次分配中劳动收入份额的增长。负向效应体现在两个方

面：一是经济增长中贸易份额过快的增加易对城乡人均实际收入水平产
生负向影响，这部分地符合了 Newbery & Stiglitz（1984）的观点；二是
进口贸易对各地区主要低收入群体——农村家庭——的人均实际收入存
在一定负向作用，这部分地符合了 Fajgelbaum 等人（2011）的观点。最
后，据此建议，应基于各地区的比较优势发展自由贸易，不要盲目地推
行贸易扩张。

三　贸易与环境

下面继续通过设定门限模型，分析贸易作用于环境的基于人均 GDP
的影响效应。表 3.9 和表 3.10 分别对环境模型的门限效果进行了检验，
确定了估计值和置信区间。表 3.9 显示了碳排放总量和碳排放强度模型门
限效果检验的结果，四个模型均接受双重门限的原假设但拒绝了原假设为
三重门限模型，依此确定了双重门限估计值和双重门限模型的分段估计结
果。表 3.10 显示了各模型门限估计值和置信区间，表 3.11 列示了各门限
模型的参数估计和 t 统计量。

环境模型中门限值对应的区间数据说明，人均 GDP 小于 0.377 的地
区在 20 世纪 90 年代初基本上覆盖了除北京、天津、上海以外的广大地
区。目前，人均 GDP 小于 0.377 的地区基本上覆盖了中西部地区。人均
GDP 大于 0.961 的地区在 20 世纪 90 年代初只有上海，后来增加了北京
（1997 年以后）。目前，除了北京、上海以外，大部分地区都位于小于
0.961 的区域。

环境模型的估计结果验证了经济发展水平对不同贸易变量的环境效应
所呈现的门限特征有差异，且作用方向有所不同。

首先，从出口影响环境主要指标的基于人均 GDP 门限效应检验结果
来看，地区人均实际生产总值与出口导致的碳排放总量、碳排放强度均不
相关。出口影响的碳排放总量模型的分段结果显示，1992—2010 年，中
国地区人均 GDP 的双重门限值为 0.377 万元和 0.961 万元，基本上证明
了出口对碳排放总量的影响效应会随着人均 GDP 的变化而变化。当人均
GDP 低于 0.377 时，出口对碳排放总量的诱发弹性系数为负向，但统计
上没有通过 10% 显著性水平检验，因此无法断定在这一水平内出口对碳
排放总量的影响方向和大小；当经济发展高于这一水平时，该弹性系数升
高到 0.0060，随着人均 GDP 水平第二个门限值（0.961）的跨越，出口

表 3.9   环境模型门限效果检验

模型分类		门限检验类型	F 统计量	P 值	临界值		
					1%	5%	10%
碳排放	模型 9（出口）	单一门限检验	28.544***	0.003	22.349	18.714	15.303
		双重门限检验	26.537**	0.017	35.503	17.822	14.027
		三重门限检验	5.103	0.370	39.766	22.309	15.472
	模型 10（进口）	单一门限检验	32.514**	0.033	36.664	18.809	12.465
		双重门限检验	29.557***	0.000	22.254	22.030	20.227
		三重门限检验	16.857	0.150	10.883	10.728	8.583
碳排放强度	模型 11（出口）	单一门限检验	38.555***	0.000	5.268	5.268	5.268
		双重门限检验	23.943***	0.000	6.420	6.420	6.420
		三重门限检验	4.307	0.667	15.510	15.510	15.510
	模型 12（进口）	单一门限检验	36.391***	0.000	9.925	9.925	9.925
		双重门限检验	30.043***	0.000	13.295	13.295	13.295
		三重门限检验	15.661	0.150	4.784	4.784	4.784

注：P 值和临界值均为采用 Bootstrap 方法（"自抽样法"）反复抽样（rep = 500）得到的结果；***、**、* 分别代表 1%、5% 和 10% 的显著性水平。

表 3.10   环境模型门槛估计值和置信区间

	碳排放				碳排放强度			
	出口		进口		出口		进口	
	估计值	95% 置信区间	估计值	95% 置信区间	估计值	95% 置信区间	估计值	95% 置信区间
门槛值 $\hat{\gamma}_1$	0.377	/0.368, 0.389/	0.377	/0.376, 0.392/	0.377	/0.375, 0.389/	0.377	/0.376, 0.389/
门槛值 $\hat{\gamma}_2$	0.961	/0.961, 0.961/	0.961	/0.961, 0.961/	0.961	/0.961, 0.961/	0.961	/0.961, 0.961/

表 3.11　　　　　　　　　　　　环境模型估计结果

解释变量	碳排放		碳排放强度	
	模型 9（出口）	模型 10（进口）	模型 11（出口）	模型 12（进口）
	双重	双重	双重	双重
$lexp\_1$	− 0.0556 （− 0.58）		− 0.1273 （− 1.38）	
$lexp\_2$	0.0060 （0.06）		− 0.0472 （− 0.51）	
$lexp\_3$	0.0590 （0.63）		0.0017 （0.02）	
$limp\_1$		0.1030 （1.49）		0.0359 （0.53）
$limp\_2$		0.1449 ** （2.25）		0.0991 * （1.57）
$limp\_3$		0.2063 *** （3.09）		0.1536 *** （2.36）
$lgpc$	1.4627 *** （8.23）	1.2631 *** （6.53）	0.8085 *** （4.68）	0.6562 *** （3.48）
$lopn$	0.2720 *** （2.65）	0.1139 （1.46）	0.2457 *** （2.46）	0.0843 （1.11）
trg	0.0532 （0.77）	0.0580 （0.85）	0.0857 （1.27）	0.0912 （1.36）
c	10.2914 *** （15.42）	9.1926 *** （17.44）	0.5334 （0.82）	− 0.5683 （− 1.11）
F 值	F = 72.71 Prob > F = 0.0000	F = 136.89 Prob > F = 0.0000	F = 69.27 Prob > F = 0.0000	F = 70.53 Prob > F = 0.0000
R^2	0.65	0.66	0.49	0.50

注：括号内为各系数所对应的 t 统计量；*** 、** 、* 分别代表 1%、5% 和 10% 的显著性水平。

造成的碳排放总量的增加幅度最高（0.0590），但因为两个弹性系数均没有通过统计显著性水平检验，所以仍无法确认出口对碳排放的影响方向和大小。出口影响的碳排放强度模型的分段结果显示，1992—2010 年，中国地区人均 GDP 的双重门限值基本上与总量模型一致（0.377 万元和0.961 万元），并且出口对碳排放强度的影响同样随着人均 GDP 增加而显示出递增效应，但是影响弹性系数均没有通过统计显著性水平检验。当人均 GDP 低 于 0.377 时，出 口 对 碳 排 放 强 度 有 较 大 的 负 向 效 应

（ -0.1273）；当经济发展高于这一水平时，该弹性系数虽为负向但减少到 -0.0472，随着人均 GDP 水平第二个门限值（0.961）的跨越，出口对碳排放强度的影响开始出现拐点，转为正向（0.0017）。但估计系数均没有通过 10% 显著性水平检验，因此样本期间的结果还无法验证经济发展水平与出口诱发碳排放之间的关系。张友国（2010）论证了经济发展方式转变与碳排放之间的数量关系，他指出，出口迅速扩张所带来的需求分配结构变化虽使碳排放强度升高 4.61%，但也存在经济发展方式变化构成中有利于碳排放下降的主要因素，例如生产部门能源消耗强度降低、直接能源消费率下降等均能对碳排放起到明显的抑制作用。因此，如他所说，需要深入分析各种与经济发展水平变化相关的主要政策措施对中国碳排放的影响。例如，结合 Lin & Sun（2010）的研究，可以认为，提高能源利用效率、完善电力定价制度、采用可再生能源技术等是可以降低碳排放的有效政策安排。

其次，分析进口影响碳排放的基于人均 GDP 的门限检验结果。与出口影响碳排放模型相同，进口影响的碳排放模型的分段结果也显示，1992—2010 年，中国地区人均 GDP 的双重门限值为 0.377 万元和 0.961 万元，但样本结果显著证明了进口对碳排放总量、碳排放强度的影响效应会随着人均 GDP 的变化而变化。当人均 GDP 低于 0.377 时，进口对碳排放总量、碳排放强度的诱发弹性系数为正向且最小（分别为 0.1030 和 0.0359），但统计上没有通过 10% 显著性水平检验，因此这里无法断定这一水平内进口对碳排放总量的影响方向和大小；当经济发展高于这一水平时，弹性系数分别升高到 0.01449 和 0.0991，弹性系数均通过统计显著性水平检验，随着人均 GDP 水平第二个门限值（0.961）的跨越，进口造成碳排放总量、碳排放强度增加最多（0.2063 和 0.1536），这两个弹性系数也均通过统计显著性水平检验，进口导致的碳排放总量、碳排放强度均存在基于人均 GDP 的双重门限效应。一般认为，进口贸易的增长会有利于碳减排，但这主要可归因为进口通过代替部分原先在本地区生产的工业制成品，进而降低了本地区的碳排放量，而将碳排放转移到生产国。本章的检验结果则反映出一个截然相反的论断。目前，中国经济较发达地区的进口贸易增加未曾引导碳排放的减少，梅林海、谭秩（2012）将其归因为如果某地区的进口是以工业生产所需能源、原材料为主时，此时进口增加意味着工业生产的扩大，会进一步增加碳排放。基于此，可以认为，需要从政策上引导中国主要地区优化进口贸易结构，部分省份应从进口能源、原材料的粗放型贸易结构优化为进口以低碳环保产品、低碳高技术含量产品为主的有利于经济发展方式转变的贸易结构。总之，有利于经济发展方式转变的进口贸易一定会促进碳减排。

门限变量人均 GDP 与碳排放总量和强度指标均呈正向关系，这里还应注意到在消除了地区生产总值总额的影响后，强度模型的影响系数明显小于总量模型的估计结果，有必要建议经济总量过大地区在治理环境问题上需要付出更多的努力。控制变量进出口贸易强度与两个环境指标之间的关系均为正向，这在一定程度上表明，随着一个地区贸易开放程度的提高，地区碳排放总量和单位碳排放强度均增加了。虽然对外开放所伴随的环境破坏不容被忽视，但是，从环境保护角度出发，也不能全面否定对外开放，对外开放不是导致环境恶化的直接影响因子。张友国（2009）认为，需要加强对国内产品的环境规制管理，采取综合措施协调贸易、环境与经济发展之间的关系。另外一个控制变量——贸易变化率——虽基本上与环境指标正相关，但大部分模型的系数没有通过统计 10% 显著性水平检验，因此，还无法确定贸易增长率指标与碳排放的直接关系。

第四节　小结

本章基于 1992—2010 年中国省际面板数据，运用 Hansen（1999）提出的门限检验方法构建单一或双重门限模型，对进出口贸易影响生产率、收入和环境的基于人均 GDP 门限特征进行检验。模型结果显示了主要贸易变量（出口、进口）对生产率、收入、环境等宏观变量影响效应均存在基于人均 GDP 的门限特征。

研究建议：

第一，东部地区应拓展能提升产业核心竞争力的新的贸易领域和空间，西部地区应利用进口贸易引进对当地产出效率产生积极影响的关键设备和先进技术。

第二，权衡贸易发展与低收入人群之间的平衡关系，以实现居民收入增长和贸易发展同步。

第三，经济发达地区应先行，完善外向型企业生产的环境规制，在不违反环境规制的条件下推动进出口贸易的发展。

第四章 承接外包内含的能源消耗、碳排放规模

目前，跨国公司正利用中国的低成本优势将生产和服务中间环节外包到中国，承接跨国公司外包业务成为中国利用外资、实现经济增长的主要途径（吕延方，2011）。中国承接跨国外包俨然成为全球产业转移不可逆转的主流趋势，但与此同时中国不可避免地面临资源及能源节约、环境减排等多重压力。

离岸外包，企业把生产、销售、市场、研究与开发等活动转移至境外，在当前经济全球化的背景下成为愈来愈普遍的企业战略（Fleury & Fleury，2009；Zorzini et al.，2014）。近期，外包被作为贸易最重要的实践活动和主要形式被学者关注（吕延方，2015）。

以往针对离岸外包效应的研究主要侧重于经济因素的影响，包括生产率和就业等（Paul & Yasar，2009；Mitra & Ranjan，2010；Schworer，2013）。然而，当前学者们开始越来越关注离岸外包活动对环境所产生的影响（Cadarso et al.，2010；Levinson，2010；Michel，2013）。尽管这些研究从某种程度上已经进行了一些理论探索，却很少评估发达国家的外包活动给新兴经济体所带来的生态和环境影响。

中国自2001年加入世界贸易组织以来，成为重要的离岸外包目的国（Friedman，2005），基于此，中国也成为举足轻重的生产国之一（Yan & Yang，2010；吕延方、王冬，2012）。然而，这一过程是伴随着社会成本付出的，中国已经成为世界上人工空气污染物排放量最大的国家。有研究认为，大部分污染物排放量都是中国为其他国家生产商品所造成的。

基于以上研究背景，本章继续应用并完善由吕延方、王冬（2010，2011）率先提出的度量工具，以阐释发达国家向新兴经济体进行的离岸

外包生产活动与二氧化碳排放量之间的关联。这个度量工具被称为"承接外包指数",源自于对内含出口数据的投入产出表中进口品投入矩阵的使用,这个指数将会量化外包生产活动对不同工业部门所产生的整体和细分类别的环境效应。

分析结果表明,在 2010 年的承接外包生产活动中,与加工品和零配件相关的行业要比其他工业部门产生了更多的二氧化碳排放量,钢铁、有色金属以及化工生产部门因其在承接外包生产活动中占有较高的比例而在生产加工品过程中产生了大量的二氧化碳。此外,在中国承接的零部件生产活动中,电力机械和一般设备制造部门则产生了较高的二氧化碳排放量。

第一节 国内外研究动态

一 离岸外包与外包指数

一些学者已经指出,离岸外包活动是当今全球经济最具影响力的发展趋势(Rusten & Bryson, 2010),也是 21 世纪制造业最典型的现象。鉴于其对于现代企业发展的重要作用,离岸外包已经在发达国家和新兴经济体中引起了学术界和社会阶层的密切关注(Da Silveira, 2014)。

离岸外包通常被称为对外发包(Feenstra, 2010),经济合作与发展组织(OECD, 2007)对外包和离岸外包进行了明确的区分。离岸外包指的是跨境转移活动,并且包含两种形式:转移发生在企业内及发生在企业外。发生在企业内的离岸外包指的是生产活动完全发生在国外,但与国内企业同属于一个集团公司;发生在企业外的离岸外包指的是非附属企业向国外提供的跨境转移活动。此外,离岸外包又可以区分为制造和服务相关两种类型。于是,离岸制造外包是指与生产制造有关的跨境外包活动,这类外包活动既可以发生在企业内也可以发生在企业外。

近年来,制造外包已经成为不同规模企业的一种可行的战略跨境选择,对国家而言,这是一个重要的贸易实践。基于制造外包的发展形势,学术研究者和实务工作者开始关注发包给发展中国家带来的潜在风险与收益(Kinkel & Maloca, 2009)。近年来,生产外包活动的增加主要源自于生产过程的精细化,旨在增加商品价值的制造业流程在全球的国际分工,以及美国、欧盟、日本、中国、印度和其他亚洲国家之间全球供应链的创建（Ahn et al.，2008；Wakasugi et al.，2008；Cadarso et al.，2010）。

离岸外包问题已经受到学术研究的广泛关注。一些学者开始探索贸易自由化和信息技术发展所引致的不同形式活动的外包（Ito et al.，2007），离岸外包促进了参与企业生产率的提高（Ito et al.，2008）。格罗斯曼和汉森伯格（Grossman & Rossi-Hansberg，2008）提出了一个全球生产过程理论，指出更易于外包的那些活动产生了一种生产率效应收益。他们总结说：与商品贸易降低成本引发的分配冲突形成对比，跨境生产任务降低的成本能够激发各方获得共同收益。吕延方、王冬（2013b）将生产外包划分为三种基本的类型，即分别与初级产品、加工品及零配件相关的生产工序的外包活动。

有学者指出，构建一个外包指数有助于阐释企业参与外包活动的趋势。例如，芬斯特拉和汉森（Feenstra & Hanson，1996，1999）构建了外包指数，他们用非能源材料总购买量的占比来反映进口的中间投入，而对于一个给定的行业来说，进口的中间投入可以用从供应商处购买的投入品价值与进口量占总消费量的比例相乘来表示。Ahn et al.（2008）针对日本和韩国的投入产出表使用与进口投入的相关信息来量化外包活动，进口的中间投入量可以直接从这个投入产出表中获得。

二　外包与环境问题

进入 21 世纪，离岸外包已经成为中国行业发展的一个重要方向，中国通过发展离岸外包的承接活动最终成为全世界的制造中心（吕延方、王冬，2012）。鉴于离岸外包在中国工业中的蓬勃发展，许多学者试图评估外包生产对像中国这样的发展中国家的国内经济增长、生产率以及就业率所产生的影响。

举例来说，考虑到离岸外包经常被视为是制造业或者企业的一种生存战略，库克和斯洛维根（Coucke & Sleuwaegen，2008）指出，比利时企业参与了欧盟之外国家的离岸外包活动，通过这种参与，这些企业不仅提高了它们生存的竞争力，同时也促进了其国内的生产活动，并创造了新的工作岗位。

有学者对这个问题进行了更细致的阐释。罗德里格斯—克莱尔（Ro-driguez-Clare，2010）检验了离岸外包所产生的影响在贫穷与富裕国家之间是否有所不同。他发现，从长期来看，富裕国家从增加的离岸外包活动中获得了永久性的经济收益，而贫穷国家则发现它们的经济收益受到了侵蚀。

到目前为止，生产率和就业情况已经成为研究离岸外包的主要关注点。吕延方、王冬（2010）使用中国主要制造业的面板数据来估计离岸外包对全要素生产率的影响，他们的研究结果显示，中国内部的制造业离岸外包并没有提高全要素生产率水平。基于阿米蒂和魏（Amity & Wei, 2005）的研究，吕延方、王冬（2011）进一步提出了一个理论框架来关注离岸外包与就业率之间的关系。作为这个理论框架的一部分，他们描绘了不同的外包路线和活动，并基于柯布—道格拉斯生产函数构建了一个动态面板数据模型。基于此，他们估计出离岸外包对中国主要行业就业率的综合影响。最终的分析表明，中国离岸外包能够对长期的就业率产生积极影响。

尽管以往的研究主要关注与离岸外包有关的经济问题，但随着其在全球生产价值链中越来越起着主导作用，中国在环境问题上也面临着严峻的挑战。作为对这些挑战的一种反映，最近有更多的研究开始探索中国应该对二氧化碳和其他污染物排放承担多大的责任。比如，洛佩兹等（Lopez et al., 2013）评估了西班牙和中国之间的贸易关系，以此检验"污染避难所"假说，并分析了生产链的跨境转移和国际贸易活动影响全球二氧化碳排放量的程度。他们的研究表明，贸易壁垒的降低能够促进生产链的跨境转移，从而引起全球二氧化碳排放量的增加。雅格等（Jacob et al., 2013）总结了欧盟从中国的进口与出口，通过将中国的生产从出口部门转移到碳排放更加集中的非出口部门，因而增加了二氧化碳排放量。He & Fu（2014）进一步阐释了中国贸易活动所产生的大量二氧化碳主要归结于中国制造产品的大量出口，以及相对于中国的贸易伙伴而言其生产活动排放二氧化碳量的程度。

尽管大多数学者的研究表明，离岸外包通过减少二氧化碳排放能够改善国内环境（Wiebe, 2012；Michel, 2013），但最近这个领域的研究结果却与之相反（Lin et al., 2014）。最近的一项分析表明，中间品的离岸外包是中国出口的主要推动力，从而引起能源消耗和二氧化碳排放量的增加（吕延方、王冬，2013b）。

三　相关研究方法和技术

为了理解贸易引致的环境问题的驱动因素，深入研究全球供应链是必要的（Andrew & Peters, 2013）。Cardarso et al.（2012）提出了一个方法来分析国际贸易对二氧化碳排放量的影响，通过这项研究，他们讨论了污染是如何通过两种方式来影响不同行业部门的：中间品投入和最终需求品的供应方主要引起与生产相关的直接二氧化碳排放量；为了生产需要而作为中间品投入的消费者主要引起了直接和间接的二氧化碳排放量，这些行业与其他国家之间具有贸易往来，二氧化碳排放量的责任应该依据各阶段的价值增量，由全球生产链的所有参与者共同承担。离岸外包所产生的环境效应很可能在不同的行业有所不同，比如，对于离岸外包活动越密集的行业，国际运输发生的二氧化碳排放量的增加也是最多的。

鉴于上文的讨论，将投入产出分析法、贸易内含碳排放测算方法以及政府间气候变化专门委员会指南中的基本方法结合在一起来分析分部门生产所诱发的二氧化碳排放量（Gavrilova & Vilu, 2012；He & Fu, 2014）。例如，Gavrilova & Vilu（2012）应用投入产出分析法，并结合双边贸易内含的碳排放测算公式和政府间气候变化专门委员会指南中的基本方法来评估爱沙尼亚与消费、生产和进口活动相关的二氧化碳总排放量。在另外一个例子中，He & Fu（2014）针对单一国家 16 个行业部门，应用投入产出模型来量化源于中国贸易活动而产生的二氧化碳排放量以及贸易的污染条件。

第二节　理论模型

里昂惕夫（Leontief, 1936）提出了投入产出分析方法，这一方法经常被用来描述和分析经济和环境因素之间的关系（Yan & Yang, 2010）。

首先，提出如下的投入产出模型：

$$AY + F - IM = Y \qquad (4.1)$$

其中 A 是投入品系数矩阵；Y 是行业（$i = 1, 2, \cdots, n$）的产出向量；AY 则为中间品需求的矩阵；F 是包括消费、投资和出口在内的最终需求矩阵；IM 代表总进口的向量。给定这些定义，产出可以被计算为：

$$Y = (I - A)^{-1} (F - IM) \qquad (4.2)$$

最终产品需求是国内总需求与出口量之和，即

$$Y = (I - A)^{-1} (DF + EX - IM) \tag{4.3}$$

其中 DF 是国内总需求矩阵，EX 是总出口矩阵。

这里，进口被假定为与国内总需求成比例，而国内总需求又包括中间品需求和最终产品需求，因此，进口可以被计算为：

$$IM = M (AY + DF) \tag{4.4}$$

其中 M 是进口品系数矩阵。

给定这些定义，方程 (4.3) 可以转换成如下的式子：

$$Y = [I - (I - M) A]^{-1} [(I - M) DF + EX] \tag{4.5}$$

因本章主要探讨行业二氧化碳的排放量，则

$$C^t = CY \tag{4.6}$$

其中 C^t 是二氧化碳总排放量矩阵，而 C 是二氧化碳排放量系数向量。

根据方程 (4.5)，方程 (4.6) 可以被表示为：

$$C^t = C [I - (I - M) A]^{-1} [(I - M) DF] + C [I - (I - M) A]^{-1} EX \tag{4.7}$$

根据方程 (4.7)，一个行业总的二氧化碳排放量可以分成两部分：国内总需求引致的二氧化碳排放量以及由出口引致的二氧化碳排放量。

$$C^{df} = C [I - (I - M) A]^{-1} [(I - M) DF] \tag{4.8}$$

其中 C^{df} 是国内总需求引致的二氧化碳排放量矩阵。

$$C^{ex} = C [I - (I - M) A]^{-1} EX \tag{4.9}$$

其中 C^{ex} 是出口活动引致的二氧化碳排放量矩阵。

因为 $C = C^t / Y$，方程又可以被表示为：

$$C^{ex} = C^t [I - (I - M) A]^{-1} (EX / Y) \tag{4.10}$$

EX 是总出口的矩阵，包括消费品、资本品、初级产品、零配件以及加工的半成品，这些不同种类的出口品作为生产过程的中间投入从新兴市场经济体（例如中国、印度以及墨西哥）出口到国外。

现在构建一个指数来评估离岸外包活动，这个指数用作中间投入的出口量与该行业总输出的比值来衡量：

$$OF = EX^{in} / Y \tag{4.11}$$

其中 OF 是离岸外包指数矩阵，EX^{in} 是作为中间投入的出口量矩阵。

给定以上对离岸外包指数的定义，可以计算出一个行业由每单位不同工序的离岸外包所引致的二氧化碳排放量。

$$COF = C^t \left[I - (I - M) A \right]^{-1} OF \tag{4.12}$$

其中 COF 指的是由离岸外包生产工序引致的二氧化碳排放量矩阵，COF 由三个组成部分构成：分别是与初级产品（COF^{pr}）、零配件（COF^{pc}）以及加工的半成品（COF^{pi}）生产相关的离岸外包活动承接引致的二氧化碳排放量：

$$COF^{pr} = C^t \left[I - (I - M) A \right]^{-1} OF^{pr}$$

$$COF^{pc} = C^t \left[I - (I - M) A \right]^{-1} OF^{pc}$$

$$COF^{pi} = C^t \left[I - (I - M) A \right]^{-1} OF^{pi} \tag{4.13}$$

其中 OF^{pr} 表示初级产品离岸外包承接指数，OF^{pc} 表示零配件离岸外包承接指数，OF^{pi} 表示加工的半成品离岸外包承接指数。

$$OF^{pr} = EX^{pr} / Y$$

$$OF^{pc} = EX^{pc} / Y$$

$$OF^{pi} = EX^{pi} / Y \tag{4.14}$$

其中 EX^{pr}、EX^{pc}、EX^{pi} 分别代表初级产品、零配件以及加工的半成品中间出口的矩阵。

第三节　实证设计和结果分析

一　数据选取

为了评估中国承接离岸外包工序所诱发的二氧化碳排放量，需要分行业以及分生产阶段收集数据，原始数据分为三大类：投入产出、离岸外包、二氧化碳排放量数据。数据的主要来源是日本经济产业研究所 2012 年产业数据（RIETI，2012）、中国 2010 年投入产出表（中国国家统计局，2012）、中国 2011 年能源统计年鉴（中国国家统计局，2011）。

根据方程（4.14），OF 测算为中间出口品占输出量的比例，RIETI 数据库提供了关于中间出口的数据。因为美国、日本和欧盟 15 国（英国、法国、德国、意大利、奥地利、比利时、卢森堡、丹麦、芬兰、希腊、爱尔兰、荷兰、葡萄牙、西班牙和瑞典）是向中国离岸外包生产活动中最活跃的国家，于是，在本章数据处理中，主要考虑美国、日本以及欧盟 15 国的中间产品进口数据。因为不同行业生产特征不同，需要对行业进行划分。因此，对于每个部门，按照生产阶段（初级产品、零配件、加工的半成品）对出口数据进行整理，产出数据可以从中国的投入产出表中获得，但是产出数值是用中国人民币来计量的，因此，所有的数值都按照人民币兑换美元的名义汇率进行了转换。

投入产出数据取自 2010 年中国国家统计局提供的最新投入产出表，2010 年的投入产出表包含了 41 个部门的矩阵，其中 5 个部门与农业相关，16 个部门与制造业相关，20 个部门与服务业相关。2010 年的投入产出表不仅包括中间产出数据，还包括家庭消费支出、政府消费支出、资本形成、进出口贸易和总产出数据。使用投入产出表中的这些数据，可以计算出直接需求系数矩阵 A，根据这个计算结果，方程（4.13）中的 $[I - (I - M) A]^{-1}$ 能够被计算出来。

这里沿用 Lin & Sun（2010）所采用的方法，按部门计算二氧化碳排放量。依据从中国 2011 年能源统计年鉴以及政府间气候变化专门委员会（IPCC，2006）获取的资料，使用行业层面的化石燃料消费量数据来计算每个部门 2010 年与能源相关的二氧化碳排放量。

在 RIETI 数据库中，制造业被划分成了 13 个制造行业，而 2010 年的投入产出表则分类成 16 个制造业行业，鉴于这种区别，这里将 RIETI 数据库和投入产出表进行整合，从而形成一个包含 12 个制造业行业的数据库：食品（FD，详见附录一）、纺织（TX）、轻工（PW）、化工（CH）、石油和煤炭（OC）、非金属矿物（SC）、钢铁和有色金属（IS）、一般机械（GM）、电子设备（EM）、运输机械（TM）、精密仪器（PM）、其他制造业（TG）。

二 研究结果

表 4.1 从整个制造业以及细分 12 个制造业部门阐释了生产工序外包到中国的程度，在 2010 年中国制造业中，2.43% 的产出来自于发达国家发包的生产工序，其中加工品外包工序占产出的 1.22%，零配件工序占比为 1.14%，与初级产品相关的离岸外包生产工序占比最小，仅为中国制造业产出的 0.07%。

表 4.1 显示电子设备、其他制造业、一般机械、精密仪器、轻工以及化工业在离岸外包中间生产工序中占有较大比重，与之形成对比的是，食品、石油和煤炭、纺织、运输机械、非金属矿物、钢铁和有色金属业在制造业产出中的占比相对较小。

进一步将离岸外包活动划分成三部分，以测算 2010 年中国制造业产出中哪个部分占有最高比例。如表 4.1 所示，轻工、非金属矿物、石油和煤炭业在中国制造业初级产品中是前三大生产部门，而化工、纺织、食品业则是占比最小的三个部门。

2010 年，加工品工序是离岸外包活动中最普遍被生产的，其他制造业、精密仪器、化工、轻工、钢铁和有色金属、非金属矿物业是中国承接其他国家公司的生产活动在总商品生产上占比最高的部门，而纺织、一般机械、电子设备、石油和煤炭、食品业则是在总商品生产上占比最低的部门。

最后，表 4.1 显示了机械产业（包括一般机械、电子设备、运输机械和精密仪器等）是与零配件相关的生产承接在总商品生产中占比最高的部门。轻工业部门在与零配件相关的产出中也占有最高的比重，而占比最低的则是纺织、玩具和小商品、钢铁和有色金属业。

表 4.1　　　　　　　　　　2010 年产出中离岸生产任务占比

部门	中间品	初级产品	加工品	零配件
制造业全行业	2.43	0.07	1.22	1.14
食品	0.14	0.06	0.08	
纺织	1.07	0.04	1.01	0.02
轻工业	3.41	0.50	2.04	0.87
化工	2.70	0.004	2.70	
石油和煤炭	0.63	0.26	0.37	
非金属矿物	1.85	0.30	1.55	
钢铁和有色金属	2.16	0.04	2.03	0.10
一般机械	4.02		0.02	4.00
电子设备	4.49		0.71	3.78
运输机械	1.25			1.25
精密仪器	3.80		2.92	0.87
其他	4.07		3.99	0.08

表 4.2 按照整个制造业以及分部门汇总了与能源消耗和二氧化碳排放量相关的数据。数据结果显示，对于整个制造业，中国消耗了 18.3 亿吨能源，并产生了大约 53.8 亿吨的二氧化碳。

表 4.2 显示石油和煤炭业产生了 2018.5 百万吨的二氧化碳排放量，占中国制造业总二氧化碳排放量的 37.5%，这使得石油和煤炭行业成为

上述 12 个制造业部门中最严重的环境污染部门。然而石油和煤炭业相对于其他行业部门（比如钢铁和有色金属业消耗 727.0 百万吨，化工业消耗 354.9 百万吨，非金属矿物业消耗 276.6 百万吨）而言消耗了较少的能源（128.3 百万吨）。钢铁和有色金属业以 1770.8 百万吨的二氧化碳排放量成为第二大排放部门，占整个制造业总二氧化碳排放量的 32.9%。化工和非金属矿物业在二氧化碳排放量上则分别位居第三位和第四位，排放量分别为 594.6 百万吨（11.0%）和 569.8 百万吨（10.6%）。

表 4.2 中的数据显示，2010 年，其他制造业产生最低的二氧化碳排放量，为 200 万吨，仅占总二氧化碳排放量的 0.04%。另外，与机械有关的部门（运输和机械、电子设备、精密仪器和一般机械业）也具有较低的二氧化碳排放量，其中运输机械、电子设备、精密仪器和一般机械业分别产生 11.8 百万吨、13.4 百万吨、35.1 百万吨以及 61.1 百万吨的二氧化碳。其他传统的劳动密集型产业，包括纺织、食品和轻工业，相对来说也排放了较少的二氧化碳。

表 4.2   2010 年能源消费和碳排放量

部门	能源消费（百万吨）	二氧化碳排放（百万吨）	二氧化碳排放占比（%）
制造业全行业	1824.6	5383.9	100
食品	54.4	95.6	1.8
纺织	73.2	80.1	1.5
轻工业	72.0	131.1	2.4
化工	354.9	594.6	11.0
石油和煤炭	128.3	2018.5	37.5
非金属矿物	276.6	569.8	10.6
钢铁和有色金属	727.0	1770.8	32.9
一般机械	51.0	61.1	1.1
电子设备	21.1	13.4	0.2
运输机械	25.3	11.8	0.2
精密仪器	37.3	35.1	0.7
其他	3.5	2.0	0.04

表 4.3 汇总了一些与中国参与离岸外包活动相关的二氧化碳排放量的

数据。这些数据表明，2010 年，离岸外包生产活动共引致了 295.3 百万吨的二氧化碳排放量，其中的 147.4 百万吨来自于加工品的生产，138.8 百万吨来自于零配件的生产，其余的 8.6 百万吨二氧化碳排放量则来自于初级产品的生产。

表 4.3 的第 2 列按照汇总的初级产品、加工品和零配件列示了中国参与离岸外包活动所引起的二氧化碳排放量，特别需要指出的是，表 4.3 显示了钢铁和有色金属、电子设备、一般机械、化工、其他制造业分别产生了 57.9、46.4、38.0、33.5、27.7、23.2 百万吨的二氧化碳，与之形成对比的是，食品、纺织、运输机械、石油和煤炭、轻工、非金属矿物业则分别产生了 0.3、4.1、7.1、13.4、19.0、20.1 百万吨的二氧化碳，这明显要低于其他部门的排放量。

表 4.3 的第 3 列总结了中国参与离岸外包活动中与初级产品相关的二氧化碳排放量，在所有的行业部门中，石油和煤炭业产生了最多的与离岸外包活动初级产品生产相关的二氧化碳（5.5 百万吨），非金属矿物业（3.3 百万吨）、轻工业（2.8 百万吨）、钢铁和有色金属业（1.0 百万吨）则紧随其后，针对初级产品而言，纺织业产生了最少的二氧化碳（0.1 百万吨）。

表 4.3 的第 4 列概括了中国参与离岸外包活动中与加工品相关的二氧化碳排放量。在所有参与加工品生产的部门中，钢铁和有色金属业（54.2 百万吨）、化工业（33.5 百万吨）、玩具和小商品业（22.8 百万吨）、精密仪器业（21.3 百万吨）、非金属矿物业（16.8 百万吨）、轻工业（11.4 百万吨）、石油和煤炭业（7.9 百万吨）是二氧化碳排放量最大的污染部门。食品业（0.2 百万吨）、一般机械业（0.2 百万吨）以及纺织业（3.9 百万吨）在与加工品生产相关的活动中产生了最少的二氧化碳。

表 4.3 的第 5 列显示了发包给中国的活动中与零配件生产相关的二氧化碳排放量，因为电子设备业（39.1 百万吨）和一般机械业（37.8 百万吨）产生了大量的二氧化碳，从而导致机械行业排放了最多的二氧化碳。虽然没有达到巨量排放的程度，运输机械业（7.1 百万吨）、精密仪器业（6.4 百万吨）仍然产生了许多二氧化碳。与机械行业形成对比的是，纺织业（0.1 百万吨）、其他制造业（0.5 百万吨）、钢铁和有色金属业（2.7 百万吨）和轻工业（4.8 百万吨）在生产零配件的过程中仅产生了

很少的二氧化碳。

表4.3	2010 年离岸外包引致的二氧化碳排放			（百万吨）
部门	中间品	初级产品	加工品	零配件
制造业全行业	295.3	8.6	147.7	138.8
食品	0.3	0.1	0.2	
纺织	4.1	0.1	3.9	0.1
轻工业	19.0	2.8	11.4	4.8
化工	33.5		33.5	
石油和煤炭	13.4	5.5	7.9	
非金属矿物	20.1	3.3	16.8	
钢铁和有色金属	57.9	1.0	54.2	2.7
一般机械	38.0		0.2	37.8
电子设备	46.4		7.3	39.1
运输机械	7.1			7.1
精密仪器	27.7		21.3	6.4
其他	23.2		22.8	0.5

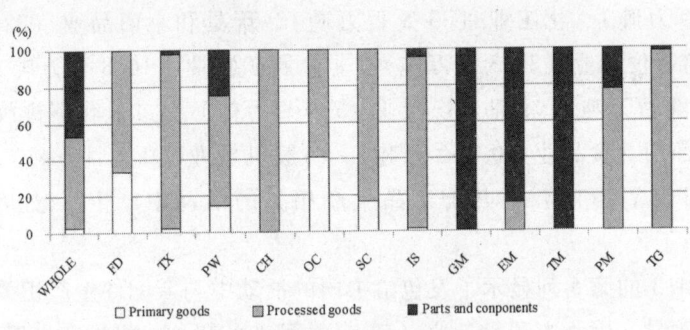

图4.1　不同任务内含的二氧化碳排放比

　　最后，图4.1显示了中国参与离岸外包生产活动每个行业部门二氧化碳排放量所占的比重，加工品生产引发的二氧化碳排放量占到了离岸外包活动总二氧化碳排放量的50％，零配件生产将近占了剩余的那一半（47%），离岸外包活动中的初级产品生产引发的二氧化碳排放量仅占3%。化工、玩具和小商品、纺织、钢铁和有色金属、非金属矿物、轻工业在生产加工品过程中产生了最多的二氧化碳，运输机械、一般机械、电子设备业在生产零配件过程中产生了最多的二氧化碳。此外，石油和煤炭、食品业在初级产品的离岸外包生产中产生了最多的二氧化碳。

第四节　小结

近年来，中国成了发达国家发包生产活动的一个主要目的国，因而中国也成为空气污染物排放最多的国家之一，很多空气污染物都是由这些离岸外包生产活动产生的。本章通过对不同的离岸外包生产活动与二氧化碳排放之间的关系进行基于数据的检验，可以量化离岸外包生产活动对环境所产生的影响。

内含离岸外包承接指数的投入产出表进口使用矩阵对于量化发包到中国的生产活动是有帮助的。此外，本章结合了三种量化方法——投入产出分析、贸易内含碳排放量评估方法以及政府间气候变化专门委员会的基本方法，按部门评估了基于生产的二氧化碳排放量，这为评价离岸外包生产活动对环境所产生的影响提供了一种有价值的量化方法。

基于本章研究结果，政府应该与发包零配件生产相关的企业密切合作，从而控制二氧化碳排放量。为了降低二氧化碳排放量并提高能源使用效率，改变中国能源定价机制也是很关键的。

本章为研究中国的环境问题提供了一个独特的视角，同时对于旨在降低二氧化碳排放的行业政策也提供了有价值的、可行的信息。另外，为了进一步评估离岸外包活动对环境所产生的影响，考虑近年来环境变化对离岸外包活动产生了哪些影响也是重要的。

附录一　英文缩写解释

CO_2　carbon dioxide（二氧化碳）

WTO　World Trade Organization（世界贸易组织）

TFP　total factor productivity（全要素生产率）

I-O input-output（投入产出）

C-D Cobb-Douglas（柯布—道格拉斯）

GMM generalized method of moments（广义矩估计）

EET emissions embodied in trade（贸易内含碳排放）

IPCC intergovernmental panel on climate change（政府间气候变化工作小组）

EEBT emissions embodied in bilateral trade（双边贸易内含碳排放）

PTT pollution terms of trade（贸易污染条件）

RIETI-TID Research Institute of Economy, Trade & Industry Database（日本经济产业研究所数据库）

附录二　主要变量解释

A input coefficient（投入系数）

AY intermediate demand（中间需要）

C CO_2 emission coefficient（二氧化碳排放系数）

C^{df} CO_2 emissions attributable to domestic final demand（归因于国内最终需要的二氧化碳排放）

C^{ex} CO_2 emissions attributable to exports（出口引致的二氧化碳排放）

COF CO_2 emissions caused by offshoring（离岸外包生产引致的二氧化碳排放）

COF^{pc} CO_2 emissions caused by offshoring tasks related to parts and components（零部件的离岸外包生产引致的二氧化碳排放）

COF^{pi} CO_2 emissions caused by offshoring tasks related to processed intermediate goods（加工品的离岸外包生产引致的二氧化碳排放）

COF^{pr} CO_2 emissions caused by offshoring tasks related to primary goods（初级产品的离岸外包生产引致的二氧化碳排放）

C^t total CO_2 emissions（二氧化碳总排放）

DF domestic final demand（国内最终需要）

EX total exports（总出口）

EX^{in} intermediate exports（中间品出口）

EX^{pc} intermediate exports of parts and components（零部件的中间品出

口）

EX^{pi}　intermediate exports of processed intermediate goods（加工品的中间品出口）

EX^{pr}　intermediate exports of primary goods（初级产品的中间品出口）

F　final demand（最终需要）

IM　total imports（总进口）

M　import coefficient（进口系数）

OF　offshoring undertaking index（离岸外包指数）

OF^{pc}　offshoring undertaking index related to parts and components（零部件的离岸外包指数）

OF^{pi}　offshoring undertaking index related to processed intermediate goods（加工品的离岸外包指数）

OF^{pr}　offshoring undertaking index related to primary goods（初级产品的离岸外包指数）

Y　output（产出）

附录三　产业名称缩写解释

FD　food（食品业）

TX　textile（纺织业）

PW　pulp, paper and wood（轻工业）

CH　chemicals（化工业）

OC　oil and coal（石油和煤炭业）

SC　stone, clay, glass and concrete products（非金属矿物业）

IS　iron and steel, nonferrous metals（钢铁和有色金属）

GM　general machinery（一般机械）

EM　electrical machinery（电子机械）

TM　transportation equipment（运输设备）

PM　precision machinery（精密仪器）

TG　toys and miscellaneous goods（其他制造业）

WHOLE　the whole manufacturing industry（制造业整体）

第五章 承接外包与能源消耗、碳排放的 动态关联性

第四章核算了中国分行业 2010 年承接外包内含的能源消耗、碳排放规模，本章则立足于"十二五"规划及更长时期经济发展方式转变的政策背景，从动态维度和微观层面，通过对 1991—2010 年中国 12 行业细分行业的承接外包与能源消耗和碳排放进行准确、全面的量化评估，科学揭示中国现阶段细分行业承接外包活动与能源消耗、碳排放的动态关联性。

随着中国能源短缺和供需矛盾愈加凸显，全球气候变化问题日渐突出，以往的经济模式正受到资源有限、环境容量等因素的严重制约（林伯强等，2011）。目前，跨国公司正利用中国的低成本优势将生产和服务中间环节外包到中国，承接跨国公司外包业务成为中国利用外资、实现经济增长的主要途径（吕延方，2011）。在此国际背景下，中国承接外包在全球产业转移中需面对资源及能源节约、环境减排等多重压力。

近期学术界对开放经济下能源、环境问题给予了特别的关注。国外学者已展开了理论和应用研究，关于发展中国家贸易活动与能源、环境的关联性，国外学者看法不一。Copeland 和 Taylor（1994，2004）认为，发展中国家正成为国际高碳排放产业转移的避难所，他们提出了"污染天堂假说"。在一定的污染税和税率假定下，随着发达国家和发展中国家贸易自由化的展开，一系列复杂调整的结果是贸易自由化将缓和发达国家的环境污染问题，恶化发展中国家的环境。最近，Cemal（2012）对上述结论提出质疑，他以日本和东南亚国家之间的贸易为实例说明，日本从东南亚主要国家的进口没有诱发这些国家的环境问题。

中国学者认为，发展对外贸易对中国能源消费的影响具有双向作用，一方面，中国通过对外贸易积极引进国外先进的生产技术和科学的管理经

验，提高了能源使用效率，进口贸易可以对国内高能耗进行合理替代，这一切都有利于"节能"；另一方面，出口产品会增加能源消耗（周浩、傅京燕，2011）。李思慧（2011）认为，虽然通过外资、国际贸易等途径有可能获得先进技术、管理经验，但由于消化、吸收能力不足而难以掌握那些先进的生产工艺、管理经验和工作流程，因而导致 FDI 对企业能源效率的溢出效应不明显。林伯强等人（2011）研究发现，出口成长对电力消费增长有着稳定的促进作用，出口成长效果对中国 1997—2007 年电力消费增长 190% 的加权平均贡献率为 104.3%，于是他们建议针对高耗电的出口产品征收出口关税。

进入 21 世纪，环境问题日益成为全世界关注的焦点，开放经济下走绿色发展道路成为中国学界的共识。李静和方伟（2011）利用长三角三省市的投入产出表对进出口贸易增长所导致的环境变化进行分解，结果显示，自 1997 年以来，三省市的出口含污量持续增长，直接导致该地区能耗增加、污染加剧，因此出口贸易对经济增长贡献的不断增强是导致贸易对长三角地区环境影响持续上升的主要原因。贸易规模、净出口和贸易结构均会对 CO_2 转移乃至环境产生直接影响，这一结论已被学者王文举和向其凤（2011）的研究所证实。因此，多数学者认为，偏向于高耗能、高耗电的出口结构不利于碳减排，需要向低耗能结构调整；进口贸易可以替代高能耗的国内生产，一般对碳减排有利。

中国开放进程中所产生的碳排放、能源问题虽受到国内外学术界的关注，但迄今为止，缺乏针对中国中间品贸易的能源、环境代价的研究文献，尤其是不同资料来源的统计口径难以统一，缺失数据造成了主要指标获取困难，目前国内外尚未展开承接外包活动与能源、环境的关联性研究。

学术界对于外包的度量主要应用了三种方法：一是直接统计零部件出口数据以度量外包的贸易量；二是通过加工贸易以间接度量外包的程度；三是以投入产出数据估算外包程度。第三种方法是以投入产出数据度量外包的程度，较适合行业的实际发展情况（Ekholm 和 Hakkala，2006；OECD，2007；吕延方、王冬，2011）。但是，由于外包指标测定方法的限制，大部分研究仅仅停留在定性分析层面，特别是从行业层面定量分析承接外包经济效应的文献相对缺乏。

对能源消耗、碳排放指标的测算常用两种方法：一种是基于投入产出表的"自上而下"的计算方法；另一种是基于产品单耗的"自下而上"

的计算方法（或生命周期评价法）。由于产品种类繁多，很难对每一产品加以逐一分析，因此，后一种方法的结果虽相对准确，但无法更全面地进行一般分析（刘强等，2008）。前一种方法是目前能够全面计算进出口产品能耗、碳排放的最佳方法，因此被广泛采用（张友国，2010；李小平、卢现祥，2010；Douglas & Nishioka，2012）。对于能源消耗和碳排放指标，国内外学术界虽提供了相对科学的测算方法，但在实际应用中因采用了中国过于陈旧的投入产出表，未曾考虑到不同特征产业的进口中间投入品比例变化对能源、碳排放的潜在影响，最终无法掌握中国不同行业的承接外包行为所诱发的国内能源消耗、碳排放变动的真实情况。

本章拟在国内外已有文献研究基础上获得以下突破：

第一，改进（进口）非竞争型投入产出表。本章拟延伸国内外的相关研究，从完全消耗系数概念出发，采用投入产出分析方法，对中国（进口）非竞争型投入产出测算方法和模型进行改进，尤其是基于中国在全球产业共生链条下所处的分工地位，整合现有数据资料和不同来源数据的统计口径，比较、改进和完善指标测算方法，构建内含承接外包与能源消耗、碳排放指标体系的（进口）非竞争型投入产出表，侧重研究承接外包引致的能源完全消耗、碳完全排放问题。

第二，动态分析不同特征承接外包活动对能源、环境的影响。纵观已有的研究成果，多数学者从宏观层面探讨国际贸易政策实施的表征向量（例如出口值、进口值、进出口总值、贸易规模的相对变化）与能源消耗、碳排放之间的关联性，集中于静态分析国际贸易政策整体的实施效果。作为对国内外相关文献的有效补充，本章拟开辟一个新视角，侧重于系统地深入分析开放经济下承接外包活动与能源消耗、碳排放的动态关联性。

第一节　承接外包引致的能源消耗、碳排放模型构建

一　基于投入产出的完全消耗模型

首先讨论完全消耗系数的计算公式。以 b_{ij} 表示第 j 部门产品对 i 部门产品的完全消耗系数。因为完全消耗系数等于直接消耗系数与无数次间接消耗系数的总和，所以 b_{ij} 计算公式如下：

$$b_{ij} = a_{ij} + \sum_{h=1}^{n} a_{ih}a_{hj} + \sum_{k=1}^{n}\sum_{h=1}^{n} a_{ik}a_{kh}a_{hj} + \sum_{l=1}^{n}\sum_{k=1}^{n}\sum_{h=1}^{n} a_{il}a_{lk}a_{kh}a_{hj} + \cdots$$

$$(5.1)$$

在式 (5.1) 中，右边第一项 a_{ij} 表示第 j 部门产品对 i 部门产品的直接消耗系数，第二项 $\sum_{h=1}^{n} a_{ih}a_{hj}$ 表示第 j 部门产品对 i 部门产品的第一次间接消耗，第三项 $\sum_{k=1}^{n}\sum_{h=1}^{n} a_{ik}a_{kh}a_{hj}$ 表示第 j 部门产品对 i 部门产品的第二次间接消耗，第四项表示第三次间接消耗，等等。

式 (5.1) 可改写为矩阵式 (5.2)：

$$B = A + A^2 + A^3 + A^4 + \cdots \qquad (5.2)$$

这里，B 是完全消耗系数矩阵：

$$B = \begin{bmatrix} b_{11} & b_{12} & \cdots & b_{1n} \\ b_{21} & b_{22} & \cdots & b_{2n} \\ \vdots & \vdots & \vdots & \vdots \\ b_{n1} & b_{n2} & \cdots & b_{nn} \end{bmatrix}$$

设有矩阵 C：

$$C = I + A + A^2 + \cdots + A^n \qquad (5.3)$$

于是得到：

$$B = C - I \qquad (5.4)$$

式 (5.3) 两边乘以 A，得到：

$$AC = A + A^2 + A^3 + \cdots + A^{n+1} \qquad (5.5)$$

式 (5.3) 减式 (5.5)，得：

$$(I - A)C = I - A^{n+1} \qquad (5.6)$$

式 (5.6) 可变为：

$$C = (I - A)^{-1}(I - A^{n+1}) \qquad (5.7)$$

若 A 的各元素小于 1 大于或等于 0，则当 $n \to \infty$ 时，$A^{n+1} \to 0$，所以式 (5.7) 的极限值为：

$$\lim_{n \to \infty} C = \lim_{n \to \infty} (I - A)^{-1}(I - A^{n+1}) = (I - A)^{-1} \qquad (5.8)$$

于是式 (5.4) 可以写为：

$$B = (I - A)^{-1} - I \qquad (5.9)$$

因此，按照式 (5.9)，在给定直接消耗系数矩阵 A 以后，就可以计算出完全消耗系数矩阵 B。

同理,可以计算出间接消耗系数,即式(5.1)右边第二项之后的总和:

$$B - A = (I - A)^{-1} - I - A \qquad (5.10)$$

直接消耗系数矩阵 A 是对总产品而言的,这里需要计算对于最终需求部分的完全消耗系数,即为了得到某部门单位最终需求产品,在生产过程中需要计算各部门产品的直接或间接消耗量。完全消耗系数矩阵或称为完全需求系数矩阵,它等于完全消耗系数矩阵加上一个单位矩阵,于是完全需求系数矩阵公式为:

$$B + I = (I - A)^{-1} - I + I = (I - A)^{-1} \qquad (5.11)$$

式(5.11)就是列昂惕夫逆矩阵。

于是可以构建由最终需求诱发的完全消耗公式:

$$X = (I - A)^{-1}Y \qquad (5.12)$$

$Y = (y_1, y_2, \cdots, y_n)'$ 是对 i 部门产品的最终需求列向量,A 是直接消耗矩阵,$(I - A)^{-1}$ 是完全需求系数矩阵,$X = (x_1, x_2, \cdots, x_n)'$ 是由于最终需求引发的完全消耗列向量。

二 基于(进口)非竞争型投入产出的国内完全消耗模型

本章仅衡量需求引发的国内生产诱发额,于是式(5.12)变为:

$$X_d = (I - A_d)^{-1}Y \qquad (5.13)$$

Y 是对 i 部门产品的最终需求列向量,A_d 是直接国内消耗矩阵,$(I - A_d)^{-1}$ 是需求引致的国内完全消耗系数矩阵,于是,X_d 是最终需求引发的国内完全消耗列向量。

又因为

$$Y = F_d + E - M \qquad (5.14)$$

$$M = \hat{M}F_d \qquad (5.15)$$

$$A_d = (I - \hat{M})A \qquad (5.16)$$

式(5.14)是根据投入产出表得出的,最终需求是投入产出表中的消费支出(包括居民消费支出、政府消费支出)、资本形成总额等国内需求项与进出口差额(或称净出口)之和。式(5.15)中的 $\hat{M}$ 是输入系数 m_i 作为对角线的对角行列式 [其中 $m_i = M_i / (\sum_{j=1}^{n} a_{ij}X_j + F_{di})$]。据式

（5.15），式（5.16）中的 A_d 就是除去进口部分的国内直接消耗系数矩阵。

整理式（5.13）（5.14）（5.15）（5.16），得到：

$$X_d = (I - (I - \hat{M})A)^{-1}[(I - \hat{M})F_d + E] \tag{5.17}$$

当衡量需求引致的国内直接和间接生产时，进口系数、国内消费、国内投资、出口是主要影响因子。依据式（5.17），进口系数 $\hat{M}$ 对完全消耗影响的预期符号为负，国内需求等（居民消费、政府消费、资本形成）变量的预期符号为正，出口预期符号为正。

三　能源完全消耗和碳完全排放的影响机理模型

据式（5.17），可以获得能源完全消耗公式：

$$X_d^e = \hat{e}(I - (I - \hat{M})A)^{-1}[(I - \hat{M})F_d + E] \tag{5.18}$$

在式（5.18）中，X_d^e 是国内能源完全消耗；$\hat{e}$ 是能源直接消耗系数（$\hat{e} = EN_j/X_j$，即直接能源消耗量与国内生产的比值）。

于是，能源完全消耗的影响因素基本模型为：

$$ene = f(imp, ext, con, inv) \tag{5.19}$$

其中，ene 是能源完全消耗变量；imp 是进口系数变量；ext 是出口变量；con 是消费变量（包括居民、政府消费需求）；inv 是资本形成变量。

同理，据式（5.17），碳完全排放公式为：

$$C_d^e = \hat{c}(I - (I - \hat{M})A)^{-1}[(I - \hat{M})F_d + E] \tag{5.20}$$

其中 C_d^e 是国内碳完全排放；$\hat{c}$ 是碳直接排放系数（$\hat{e} = CO_j/X_j$，即直接碳排放与国内生产的比值）。同时，由于直接碳排放主要由能源消耗所决定，于是，可以获得碳完全排放的影响因素基本模型：

$$co_2 = f(en, i\hat{m}p, ext, con, inv) \tag{5.21}$$

其中，co_2 是碳完全排放变量，en 是能源直接消耗变量。

这里延伸吕延方、王冬（2010）的研究，为解释具体贸易行为对能源消耗、碳排放的影响，出口变量分解为面向国外消费者、政府的消费品出口变量（cog）、面向国外生产者促进资本形成的资本品出口变量（cag）和面向国外生产者形成中间投入的承接外包变量（cob）。

$$ext = g(cog, cag, cob) \tag{5.22}$$

承接外包变量可继续分成三种形式：承接基本材料外包变量（$cobb$）、

承接加工品外包变量（*cobp*）和承接零部件外包变量（*coba*）（吕延方、王冬，2011）。

$$cob = \text{h}(cobb, cobp, coba) \tag{5.23}$$

于是，式（5.24）侧重比较消费品、资本品出口贸易活动与承接外包引致的能源完全消耗变化，式（5.25）则侧重比较不同承接外包活动引致的能源完全消耗变化：

$$ene = \text{f}(imp, cog, cag, cob, con, inv) \tag{5.24}$$

$$ene = \text{f}(imp, cog, cag, cobb, cobp, coba, con, inv) \tag{5.25}$$

式（5.26）侧重比较消费品、资本品出口与承接外包行为引致的碳完全排放变化，式（5.27）则侧重比较不同承接外包引致的碳完全排放变化：

$$co_2 = \text{f}(en, imp, cog, cag, cob, con, inv) \tag{5.26}$$

$$co_2 = \text{f}(en, imp, cag, cog, cobb, cobp, coba, con, inv) \tag{5.27}$$

四 动态面板模型构建

本章将验证不同贸易变量引致的能源完全排放和碳完全排放的变动情况。由于惯性或部分调整，能源消耗或碳排放过程呈动态特征，会受到过去行为的影响，因此本章在面板数据模型中引入滞后被解释变量以反映动态滞后效应，更符合实际经济问题，并且动态面板数据能够克服某些变量遗漏问题，避免了反向因果性所导致的内生性问题。

动态面板回归模型在时间上的记忆性主要来自两方面：一是因变量的动态滞后项作为解释变量会导致解释变量与随机扰动项的非观测个体效应相关，从而造成估计的内生性；二是表示个体间差异的个体效应所引起的自相关。此时若采用混合 OLS、随机效应或固定效应估计方法对动态面板数据进行估计，将导致参数估计的有偏性和非一致性。基于广义矩估计（GMM）构建动态面板数据模型一致估计量，可以解决上述问题。以式（5.24）为例，考虑影响能源完全消耗变动的动态面板模型：

$$ene_{i,t} = \lambda ene_{i,t-1} + \varphi X_{i,t} + \varphi Q_i + \mu_i + \varepsilon_{i,t} \quad (t = 2, 3, \cdots, T) \tag{5.28}$$

其中，$X_{i,t}$ 表示随个体及时间而变的解释变量，据式（5.24），它包括了进口系数、消费品出口、资本品出口、承接外包、消费、投资等变量。式（5.28），可以据式（5.25），继续包含不同承接外包变量（承接基本材料、加工品或零部件）；Q_i 为不随时间而变的个体特征（即 $Q_{i,t} = Q_i$）；

μ_i 表示个体异质性的截距项；$\varepsilon_{i,t}$ 为随个体与时间而改变的扰动项。对 (5.28) 进行一阶差分，以消去个体效应 μ_i，可得：

$$\Delta ene_{i,t} = \lambda \Delta ene_{i,t-1} + \varphi \Delta X_{i,t} + \Delta \varepsilon_{i,t} \ (t = 2, 3, \cdots, T) \qquad (5.29)$$

其中，$\Delta ene_{i,t} = ene_{i,t} - ene_{i,t-1}$，$\Delta ene_{i,t-1} = ene_{i,t-1} - ene_{i,t-2}$，$\Delta \varepsilon_{i,t} = \varepsilon_{i,t} - \varepsilon_{i,t-1}$，$\Delta$ 为差分算子。

由于 $ene_{i,t-1}$ 与 $\varepsilon_{i,t-1}$ 相关，故 $\Delta ene_{i,t-1}$ 与 $\Delta \varepsilon_{i,t}$ 相关，需要寻找适当的工具变量才能得到一致估计。为此，Arellano & Bond（1991）提出采用 $ene_{i,t-2}$ 或以前更多滞后项即 $\{ene_{i,0}, ene_{i,1}, \cdots, ene_{i,t-2}\}$ 作为 $\Delta ene_{i,t-1}$ 的工具变量较为合适，因为 $\{ene_{i,0}, ene_{i,1}, \cdots, ene_{i,t-2}\}$ 均与 $\Delta ene_{i,t-1}$ 相关，但是与 $\Delta \varepsilon_{i,t}$ 无关。Blundell & Bond（1998）指出，如果解释变量在时间上持续性较强，这些滞后的水平变量将会是一阶差分的弱工具变量，易产生有限样本偏误。Arellano & Bover（1995）、Blundell & Bond（1998）在 Arellano & Bond（1991）的差分 GMM 基础上，提出了系统广义矩估计（system GMM）的方法，即建议将差分方程（式5.29）和水平方程（式5.28）统一纳入一个方程系统进行联合估计，如对初始条件过程再施加弱平稳性约束，则对差分回归方程中的工具变量依然采用相应水平变量的滞后值，并以内生变量差分的滞后值作为水平方程的工具变量。从而工具变量有效性会增强，理论上相对于差分 GMM 估计的结果更为有效，但缺点是，必须假定 $\{\Delta ene_{it-1}, \Delta ene_{it-2}, \cdots\}$ 与 μ_i 无关，如果此条件不满足，则不能使用系统 GMM。自回归系数的 GMM 依赖于权重矩阵的选择，在实现 GMM 估计时，不仅应选取上述合适的工具变量，还应选取合适的加权矩阵，选用怀特逐期方差矩阵（White period covariance）为最优权重矩阵，所产生的估计具有一致性和稳健性。

第二节　数据范围界定和变量选取

一　12 行业样本界定

首先按照 2003 年以后年鉴使用的最新标准（GB/T4754 - 2002）为基础进行国内产业数据整理。同时，因为中国最新使用的国民经济行业分类标准与国际标准产业分类（ISIC/Rev3）有出入，需要在前面调整的基础上再进行一次调整。最终，无论从新旧产业分类还是从国内外产业分类上看，制造业的大类相差不大且容易进行调整，这里基于制造业大类形成

12 个制造业行业：食品、纺织、轻工、化学、石油、非金属、金属、一般机械、电气机械、电子设备、运输机械、精密仪器。表 5.1 显示了主要资料来源的行业合并（或拆分）列表。能源变量的原始数据来自各年《中国能源统计年鉴》，直接消耗系数和最终使用变量的原始数据出自《中国投入产出表》中按生产者价格计算的基本流量表，一般贸易和承接外包变量的原始数据主要来自联合国 Comtrade 和 RIETI–TID 数据库，其他部分变量的原始数据来自各年《中国工业经济统计年鉴》。目前只能获取 1991 年至今的细分行业能源数据，因此最终样本为 1991—2010 年中国制造业 12 个行业数据。

表 5.1　　　　　　　　**数据库行业整理表**

行业	资料来源	行业整理列表
01 食品业	能源统计	食品、饮料和烟草制造业（1991—1992） （农副）食品加工业，食品制造业，饮料制造业，烟草加工业（1993—2010）
	工业经济	食品制造业，饮料制造业，烟草加工业，饲料工业（1991—1992） 食品加工业，食品制造业，饮料制造业，烟草加工业（1993—2002） 农副食品加工业，食品制造业，饮料制造业，烟草制品业（2003—2010）
	投入产出	食品制造业（1990，1992，1995） 食品制造及烟草加工业（1997，2000，2002，2005，2007） 食品及酒精饮料，烟草制品业（2010）
02 纺织业	能源统计	纺织业，服装及其他纤维制品制造业，皮革、毛皮、羽绒及其制品业（1991—1996） 纺织业，纺织服装、鞋、帽制造业，皮革、毛皮、羽毛（绒）及其制品业（1997—2010）
	工业经济	纺织业，缝纫业，皮革、毛皮、羽绒及其制品业（1991—1992） 纺织业，服装及其他纤维制品制造业，皮革、毛皮、羽绒及其制品业（1993—2002） 纺织业，纺织服装、鞋、帽制造业，皮革、毛皮、羽毛（绒）及其制品业（2003—2010）
	投入产出	纺织业，缝纫及皮革制品业（1990，1992，1995） 纺织业，服装皮革羽绒及其他纤维制品制造业（1997，2000） 纺织业，服装皮革羽绒及其制品业（2002，2005） 纺织业，纺织服装鞋帽皮革羽绒及其制品业（2007） 纺织材料加工业，纺织、针织制品制造业，纺织服装、鞋、帽制造业（2010）

续表

行业	资料来源	行业整理列表
03 轻工业	能源统计	木材加工及竹、藤、棕、草制品业，家具制造业，造纸及纸制品业，印刷业、记录媒介的复制，文教体育用品制造业，其他制造业（1991—1996） 木材加工及木、竹、藤、棕、草制品业，家具制造业，造纸及纸制品业，印刷业和记录媒介的复制，文教体育用品制造业，工艺品及其他制造业（1997—2010）
	工业经济	木材加工及竹、藤、棕、草制品业，家具制造业，造纸及纸制品业，印刷业，文教体育用品制造业，工艺美术品制造业（1991—1992） 木材加工及竹、藤、棕、草制品业，家具制造业，造纸及纸制品业，印刷业、记录媒介的复制，文教体育用品制造业（1993—2002） 木材加工及木、竹、藤、棕、草制品业，家具制造业，造纸及纸制品业，印刷业和记录媒介的复制，文教体育用品制造业，工艺品及其他制造业（2003—2010）
	投入产出	木材加工及家具制造业，造纸及文教用品制造业，其他工业（1990，1992，1995） 木材加工及家具制造业，造纸印刷及文教用品制造业，其他制造业（1997，2000，2002，2005） 木材加工及家具制造业，造纸印刷及文教体育用品制造业，工艺品及其他制造业（2007） 木材加工及家具制造业，造纸、印刷，文教体育用品制造业，工艺品及其他制造业（2010）
04 化学业	能源统计	化学原料及化学品制造业，医药制造业，化学纤维制造业，橡胶制品业，塑料制品业（1991—2010）
	工业经济	化学工业，医药工业，化学纤维工业，橡胶制品工业，塑料制品业（1991—1992） 化学原料及化学制品制造业，医药制造业，化学纤维制造业，橡胶制品业，塑料制品业（1993—2010）
	投入产出	化学工业（1990，1992，1995，1997，2000，2002，2005，2007） 基础化学原料，肥料、农药，合成材料制造业，专用化学产品制造业，其他化学制品，塑料、橡胶制品（2010）
05 石油业	能源统计	石油加工及炼焦业（1991—1996） 石油加工、炼焦及核燃料加工业（1997—2010）
	工业经济	石油加工业，炼焦、煤气及煤制品业（1991—1992） 石油加工及炼焦业（1993—2002） 石油加工、炼焦及核燃料加工业（2003—2010）
	投入产出	石油加工业，炼焦、煤气及煤制品业（1990，1992，1995） 石油加工及炼焦业（1997，2000） 石油加工、炼焦及核燃料加工业（2002，2005，2007，2010）

行业	资料来源	行业整理列表
06 非金属业	能源统计	非金属矿物制品业（1991—2010）
	工业经济	建筑材料及其他非金属矿物制品业（1991—1992） 非金属矿物制品业（1993—2010）
	投入产出	建筑材料及其他非金属矿物制品业（1990，1992，1995） 非金属矿物制品业（1997，2000，2002，2005，2007，2010）
07 金属业	能源统计	黑色金属冶炼及压延加工业，有色金属冶炼及压延加工业，金属制品业 （1991—2010）
	工业经济	黑色金属冶炼及压延加工业，有色金属冶炼及压延加工业，金属制品业 （1991—2010）
	投入产出	金属冶炼及压延加工业，金属制品业（1990，1992，1995，1997，2000， 2002，2005，2007） 黑色金属冶炼，钢压延加工业，有色金属冶炼及压延业，金属制品业 （2010）
08 一般机械业	能源统计	一般机械业（1991—1992 年机械、电气、电子设备制造业拆分）普通机械 制造业，专用设备制造业（1993—1996） 通用设备制造业，专用设备制造业（1997—2010）
	工业经济	机械工业（1991—1992） 普通机械制造业，专用设备制造业（1993—2002） 通用设备制造业，专用设备制造业（2003—2010）
	投入产出	机械工业（1990，1992，1995，1997，2000） 通用、专用设备制造业（2002，2005，2007） 通用设备制造业，专用设备制造业（2010）
09 电气机械业	能源统计	电气机械业（1991—1992 年机械、电气、电子设备制造业拆分）电气机械 及器材制造业（1993—2010）
	工业经济	电气机械及器材制造业（1991—2010）
	投入产出	电气机械及器材制造业（1990，1992，1995，1997，2000，2002，2005， 2007） 电气设备，输配电及控制设备制造业，家用电力和非电力器具制造业，其 他电气机械及器材制造业（2010）
10 电子设备业	能源统计	电子设备业（1991—1992 年机械、电气、电子设备制造业拆分）电子及通 信设备制造业（1993—1996） 通信设备、计算机及其他电子设备制造业（1997—2010）
	工业经济	电子及通信设备制造业（1991—2002） 通信设备、计算机及其他电子设备制造业（2003—2010）
	投入产出	电子及通信设备制造业（1990，1992，1995，1997，2000） 通信设备、计算机及其他电子设备制造业（2002，2005，2007） 通信设备及雷达制造业，电子计算机制造业，电子元器件制造业，家用视 听设备制造业，其他电子设备制造业（2010）

行业	资料来源	行业整理列表
11 运输 机械 业	能源统计	运输机械业（1991—1992 年机械、电气、电子设备制造业拆分）交通运输设备制造业（1993—2010）
	工业经济	交通运输设备制造业（1991—2010）
	投入产出	交通运输设备制造业（1990，1992，1995，1997，2000，2002，2005，2007） 铁路运输设备制造业，汽车制造业，船舶及浮动装置制造业，其他交通运输设备制造业（2010）
12 精密 仪器 业	能源统计	精密仪器业（1991—1992 年机械、电气、电子设备制造业拆分）仪器仪表、文化办公用机械制造业（1993—2010）
	工业经济	仪器仪表及其他计量器具制造业（1991—1992） 仪器仪表及文化、办公用机械制造业（1993—1999） 仪器仪表文化办公用机械（2000—2002） 仪器仪表及文化、办公用机械制造业（2003—2010）
	投入产出	仪器仪表及其他计量器具制造业（1990，1992，1995） 仪器仪表及文化办公用机械制造业（1997，2000，2002，2005，2007） 仪器仪表制造业，文化、办公用机械制造业（2010）

注：主要资料来源包括《中国能源统计年鉴》《中国工业经济统计年鉴》和《中国投入产出（延长）表》，分别简称为能源统计、工业经济和投入产出。投入产出表包括 1990 年 33 行业投入产出（延长）表，1992 年 33 行业投入产出表，1995 年 33 行业投入产出（延长）表，1997 年 40 行业投入产出表，2000 年 40 行业投入产出（延长）表，2002 年 42 行业投入产出表，2005 年 42 行业投入产出表，2007 年 42 行业投入产出表，2010 年 65 行业投入产出（延长）表。

二　变量选取方法

（一）能源完全消耗变量

从式（5.17），可以推算出能源完全消耗的计算公式：

$$eng = (I - (I - \hat{M})A)^{-1}EN \qquad (5.30)$$

式（5.30）右边包括两个向量：能源直接消费和完全消耗系数。《中国能源统计年鉴》提供了不同种类能源的行业消费总量，这里侧重研究煤炭、焦炭、原油、汽油、煤油、柴油、燃料油、天然气、电力九种能源的消费状况，通过 $\sum_s EN_{is}$（s 代表以上不同种类能源）获得 i 行业的直接能源消费总量（万吨标准煤）。完全消耗系数的计算过程比较复杂。首先，需要计算出 12 部门进口系数对角线矩阵，对角线的进口系数是分部门进口额与总产出的比值。1990 年、1992 年、1995 年投入产出（延长）

表缺失进口额，于是，利用 Comtrade 数据库整理出 1991—2010 年 12 行业分行业的进口额（美元），并通过当年的平均汇率换算成人民币金额。利用《中国工业经济统计年鉴》中的数据，整理出 12 行业按行业划分的工业总产值（当年价格统计）。然后，整理出 12 行业中间投入系数矩阵。投入产出（流量）表提供了按当年生产者价格计算的不同行业对某行业的中间投入金额，中间投入金额除以某行业的总投入就是直接消耗系数。

通过式（5.30）中 $(I - (I - \hat{M})A)^{-1}$，计算出各投入产出表发行年的完全需求国内系数，再利用插值法填充投入产出表中的缺值，最终获得某行业的能源完全消耗值（万吨）。

（二）碳完全排放变量

关于碳完全排放的计算公式，与式（5.30）同理：

$$co_2 = (I - (I - \hat{M})A)^{-1}CO \tag{5.31}$$

按照 IPCC（2006）提供的方法，首先计算出不同燃料的直接碳排放值：

$$CO = EN \times EF \times (1 - CS) \times MC \times HO \tag{5.32}$$

在式（5.32）中，CO 是某燃料的直接碳排放值；EN 是某燃料的直接消费值；EF 是某燃料的碳排放系数；$1 - CS$ 是碳氧化因子（CS 是某燃料未被过氧化的部分）；MC 是二氧化碳与碳分子的重量比；HO 是某燃料的热值。又因为通常假定 CS 为 0，且 $MC = 44/12$，于是式（5.32）变为：

$$CO = (44/12) \times EN \times EF \times HO \tag{5.33}$$

IPCC（2006）提供了不同种类能源的碳排放系数以及热值，据此，计算出不同种类能源的二氧化碳排放量，最后换算成统一的单位（万吨）。加总后，再乘以前面计算出的各年完全需求国内系数，获得某行业的碳完全排放值（万吨）。

（三）承接外包和其他贸易变量

如图 5.1 所示，这里将贸易行为分为三种形式：面向国外消费者，政府的消费品贸易变量（cog）；面向国外生产者促进资本形成的资本品贸易变量（cag）；面向国外生产者形成中间投入的承接外包变量（cob）。如图 5.1，从中国向国外输出的贸易品被分为五类：基本材料；加工品；零部件；消费品；资本品。其中，国外家庭和政府的居民需求、政府需求促成了消费品的输出；生产者需求则被分为两类需求：生产者中间投入需求；生产者资本形成需求。它们促使三类贸易品的输出：基本材料；加工品；零部件。于是，面向国外生产者形成中间投入的承接外包变量

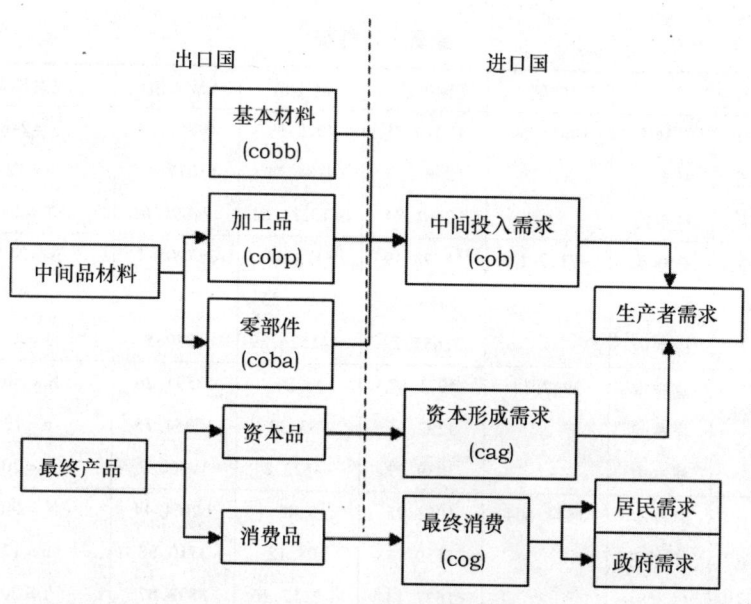

图5.1　贸易和外包变量分类说明

（*cob*）包括三种活动：承接基本材料外包变量（*cobb*）；承接加工品外包变量（*cobp*）；承接零部件外包变量（*coba*）。以此原理，通过整理日本RIETI 和 Comtrade 数据库数据，可以获得以美元计价的贸易和外包变量，并通过当年的平均汇率换算成人民币金额。

（四）其他控制变量

模型里将增加两个国内需求变量：国内消费需求变量（*con*）；国内资本形成变量（*inv*）。投入产出（延长）表里提供了1990 年、1992 年、1995 年、1997 年、2000 年、2002 年、2005 年、2007 年、2010 年的数据，通过插值法填充其他年间的数据。

三　统计特征

表5.2 显示了样本数据中主要变量的统计特征。除了基本模型以外，本章还拟将主要变量通过除以行业生产总值转变为相应的强度变量，以考

虑强度模型的估计结果。强度模型能避免基本模型主要变量分布较宽的问题，抑制非正常值的影响。

表 5.2 　　　　　　　　　　　　变量统计特征

变量		中值	标准差	最小值	最大值	观察样本
能源完 全消耗 （eng）	总样本	18615.69	17240.31	4028.59	108557.2	N = 240
	样本间		12482.34	6784.24	53077.32	n = 12
	样本内		12401.84	-13221.61	74095.6	T = 20
碳完全 排放 （co₂）	总样本	47117.13	45793.49	3473.44	267905.1	N = 240
	样本间		34487.9	13391.55	127117.2	n = 12
	样本内		31657.29	-45526.39	187905	T = 20
出口额 （ext）	总样本	3947.14	4971.87	45.27	23591.26	N = 240
	样本间		3292.46	753.32	10054.75	n = 12
	样本内		3839.39	-4522.84	19360.7	T = 20
承接外 包额 （cob）	总样本	1444.604	1963.95	8.45	11164.44	N = 240
	样本间		1130.73	208.12	3710.98	n = 12
	样本内		1637.13	-2157.46	8898.07	T = 20
承接基 本材料 （cobb）	总样本	81.78	121.86	0	662.28	N = 240
	样本间		114.89	0	364.15	n = 12
	样本内		51.96	-104.96	379.91	T = 20
承接加 工品 （cobp）	总样本	763.42	1305.10	0	8977.28	N = 240
	样本间		861.15	0	2548.92	n = 12
	样本内		1010.28	-1592.48	7191.77	T = 20
承接零 配件 （coba）	总样本	599.41	1646.87	0	10859.4	N = 240
	样本间		1159.4	0	3452.05	n = 12
	样本内		1214.43	-2762.67	8006.76	T = 20
资本品 出口 （cag）	总样本	950.98	2385.15	0	13559.08	N = 240
	样本间		1648.90	0	4466.72	n = 12
	样本内		1785	-3313.35	10155.9	T = 20
消费品 出口 （cog）	总样本	1551.55	2817.48	0	13320.66	N = 240
	样本间		2483.04	0	7812.62	n = 12
	样本内		1504.27	-5012.10	7059.59	T = 20

第三节　计量结果分析

一　变量趋势分析

图 5.2 和图 5.3 显示了 1991—2010 年中国 12 行业分行业能源完全消耗、碳完全排放以及出口贸易、承接外包指标的变化趋势。

从能源完全消耗变量的变化趋势上看，金属、化学、非金属行业一直呈较快增长之势，机械行业则呈前低后高走势，尤其是进入 21 世纪以后呈较快增长趋势，食品、纺织、轻工行业变化较平缓。从碳完全排放变量的变化趋势上看，金属、石油行业呈快速增长趋势，机械、非金属、化学行业前期变化较平缓，进入 21 世纪后，这三个行业开始呈现较快增长趋势，食品、纺织、轻工行业变化趋势一直较平缓。

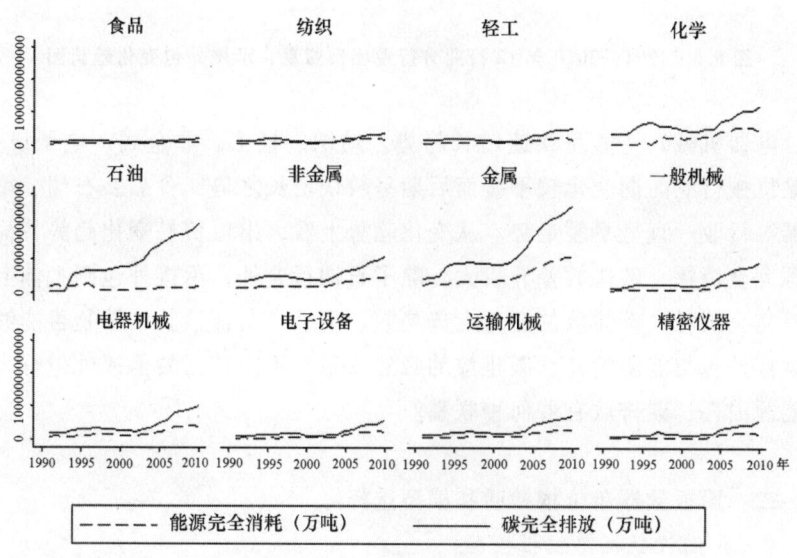

图 5.2　1991—2010 年分行业能源消耗、碳排放趋势图

出口贸易变化趋势呈现出与能源消耗、碳排放不同的行业特征，轻工、一般机械、电气机械行业呈快速增长趋势；纺织、化学、金属、电子设备行业前期变化较平缓，这四个行业后期则呈较快增长之势；食品、石油、非金属、运输机械、精密仪器等行业的变化趋势较平缓。承接外包变化特征与出口贸易更是有所差异，化学、金属、主要机械行业（一般机

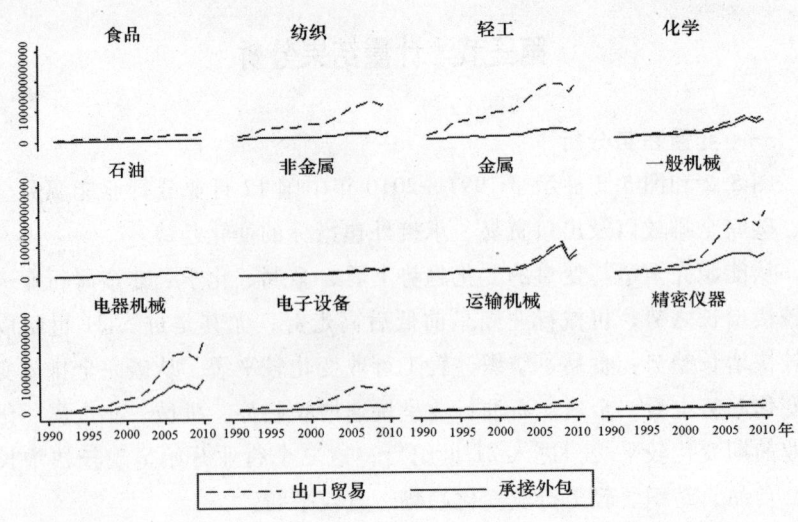

图 5.3   1991—2010 年 12 行业分行业出口贸易、承接外包变化趋势图

械、电器机械）一直呈快速增长趋势，纺织、轻工、非金属、电子设备、运输机械行业前期变化较平缓而后期呈较快增长之势，食品、石油、精密仪器等行业一直呈平缓走势。从变化趋势上看，出口贸易变化趋势特征与能源完全消耗、碳排放差异较大，除了石油行业外，承接外包则大体上与能源完全消耗、碳排放的变化走势趋同。那么，实证检验结果是否能够证明承接外包与能源消耗、碳排放的必然联系？不同特征的承接外包行为又与能源消耗、碳排放有着何种联系？

二 面板数据单位根检验和模型选择

（一）面板数据单位根检验

为正确设定模型和估计参数，需要对各个面板数据序列进行单位根检验。LLC 检验是目前应用比较广泛的面板单位根检验，但是它有一定的局限性。它对参数假定相同的约束条件太强，即所有纵剖面时间序列或者都含有单位根，或者都是平稳序列，而且它还要求各截面相互独立。针对 LLC 检验的这一缺陷，Im、Pesaran 和 Shin（1995，2003）提出了异质面板数据（Heterogenous panel data）的单位根检验，简称 IPS 检验。IPS 检验放松了同质性假定条件，允许不同的截面单位取值不同，是以各横截面单元 DF 统计量的均值 t‐bar 进行的单位根检验。但 IPS 检验假设所有的各纵剖面时间序列具有相同长度的观测期和滞后期，并且这些假设只适用于平衡面板数据。为了克服 LLC 检验和 IPS 检验的不足，Maddala & Wu (1999)，Choi (1999a) 提出了 Panel Data 单位根检验方法，即 Fisher 检验。Maddala & Wu (1999) 的组合统计量，利用各独立个体时间序列的 ADF 检验的显著性水平值对数之和。组合 P 值检验与 IPS 检验有相同的地方，它们都基于个体单位根检验的信息，但比 IPS 检验具有一个显著优势，即对统计量所选择的滞后期和样本容量的大小较稳健，并且同样适用于非平衡面板数据。

为此，本章同时应用 LLC (Levin et al., 2002)、IPS (Im et al., 2003) 以及 Fisher‐ADF (Maddala & Wu, 1999) 进行面板数据序列的平稳性检验。从表 5.3 面板数据单位根检验的结果可以看出，除个别情形外，无论是针对同质面板假设的检验，还是针对异质面板假设的其他两种检验，模型中的回归变量均平稳，因此将各变量一起纳入回归模型里。

表 5.3　　　　　　　　　　　　　面板数据单位根检验

检验变量	能源消耗 (eng)	碳排放 (co₂)	承接外包 (cob)	出口贸易 (ext)	进口系数 (imp)
检验形式	(c, 0)	(c, 0)	(c, t)	(c, t)	(c, t)
LLC	-9.7424 (0.0000)	-5.7704 (0.0000)	-1.9176 (0.0276)	-1.7975 (0.0361)	-1.9533 (0.0254)
IPS	4.5309 (0.0000)	-4.4632 (0.0000)	-2.6158 (0.0045)	-1.7499 (0.0401)	-1.5959 (0.0553)
Fisher‐ADF	12.3861 (0.0000)	18.2284 (0.0000)	1.7036 (0.0442)		1.4984 (0.0670)

注：括号内为估计量的伴随概率；(c, 0) 表示检验回归式中包括常数项，(c, t) 表示检验回归式中同时包括常数项和趋势项；LLC、IPS、Fisher-ADF 零假设为存在单位根。为节省篇幅，只列出主要变量单位根检验结果，省略了其余变量的检验结果。

(二) 模型选择

对于 GMM 方程可采用一步 GMM 和两步 GMM 估计，虽然这两种估计法都能够产生一致估计法，但在实际建模中需诊断哪一步能够得到渐进有效的估计量。两步 GMM 估计对于处理截面相关及异方差问题具有较强的稳健性，但 Windmeijer (2005) 认为，两步 GMM 估计量的渐近标准差在小样本中的下向偏移来自对权重矩阵的估计。按照他的建议使用基于泰勒展开式的修整项代替对权重矩阵的估计。

当使用 GMM 对动态面板进行估计，在实际操作时应考虑如下两个问题：第一个是工具变量的选择比较敏感。为避免弱工具变量问题，保证工具变量的最大有效性，考虑到最近的滞后项与当期项相关性较高，应从最近的滞后项开始，对模型选择 2 期滞后变量 $ene_{i,t-2}$，或以前更多滞后项及其他可行的外生解释变量作为内生变量的工具变量对方程进行逐一识别，保留 Hansen 过度识别检验矩条件成立的组合。第二个是考虑到差分 GMM 估计结果的有效性，要求差分方程的误差项不存在二阶序列相关。如果差分方程误差项存在二阶序列相关，那么水平方程的误差项是序列相关并至少遵循阶数为 1 的移动平均过程。为此采用 Arellano-Bond AR（2）检验来判断误差项是否存在自相关，其原假设为"差分后的误差项不存在二阶序列相关"。如果检验值不能拒绝原假设，则说明模型设定正确。

本章在实证检验中，综合考虑系统 GMM、差分 GMM 以及一步估计法、两步估计法，保留通过了 Arellano-Bond AR 检验和 Hansen 过度识别检验的结果，并以包含最近滞后项的回归作为主要结果。例如，当对表 5.4 中模型 1 进行一步系统 GMM 估计时，回归结果汇报了 Hansen 过度识别检验 P 值为 1，检验结果不能拒绝原假设，即模型内过度识别约束有效，这表明 GMM 估计所选工具变量有效，且 AR（1）P 值为 0.000（<0.1），AR（2）P 值为 0.711（>0.1）。检验结果表明，扰动项的差分存在一阶自相关，但不存在二阶自相关，则说明模型设置是合理的。按照上面模型选择原理，基于 Hansen 过度识别检验和 Arellano-Bond AR 检验结果，对稳健估计而言，表 5.5 基本上选择了一步系统 GMM 估计方法，表 5.7 基本上选择了一步差分 GMM 估计方法。

表 5.4 至表 5.7 的计量结果均显示，滞后一期的被解释变量对当期被解释变量的边际系数不仅具有统计显著性，而且具有明显的经济显著性，这基本上验证了如下经济理论：由于惯性或部分调整，各行业当期的能源消耗、碳排放水平取决于过去的水平。由此可以判断，本章构建的动态面板数据模型完全合理。实施能源、环境政策所影响指标的变化是一个连续变化的渐进调整过程。因此，当前在制定和实施为促进能源有效利用、碳排放减少的政策时，需要注意各地过去指标的差异性，应当考虑具体行业发展水平和资源运用潜力，从而制定一个更为合理的调整政策。

三　承接外包引致的能源消耗、碳排放

（一）承接外包与能源完全消耗值

表 5.4 中模型 1 估计结果证明了样本期间出口贸易变量对能源完全消耗的回归系数通过了 5% 的显著性水平检验，符号为正，与式（5.17）出口贸易对完全消耗变量影响的预期符号相符合。从经济意义上看，1 个单位出口（亿元）引致的能源完全消耗会正向变化 1.08×10^{-8} 个单位（万吨），也就是说，1991—2010 年中国 12 行业，每有一个万元单位出口值，能源完全消耗会正向变化 1.08 个单位（吨），这一结果略低于陈迎等（2008）计算的 2002 年包括货物贸易的 37 行业平均值（1.13 吨/万元）。一方面，本章的验证结果依然证明了陈迎等（2008）的部分结论：出口贸易是拉动中国能源快速增长不容忽视的重要因素；另一方面，从动态演进趋势上看，出口单位能耗有微弱下行的走势，近期部分行业节能措施的效果有所显现。

模型 2 将出口贸易分解为三种形式，结果无法证明资本品出口、消费品出口对能源完全消耗的显著影响，但是，承接外包变量对能源完全消耗的回归系数不仅通过了 5% 的显著性水平检验，而且它的影响系数（2.00×10^{-8} 个单位）明显高于模型 1 中出口贸易对完全消耗变量的影响系数（1.08×10^{-8}）。从经济意义上可以理解为，1 个单位承接外包（亿元）引致的能源完全消耗会正向变化 2.00×10^{-8} 个单位（万吨），也就是说，1991—2010 年中国 12 行业里，每有一个万元单位承接外包，能源完全消耗会正向变化 2.00 个单位（吨）。因此，承接外包是中国出口贸易中引致能源消耗快速增长的最主要拉动力量。

模型 3 进一步将承接外包行为分类。承接外包各指标系数估计结果显示，样本期间承接基本材料外包变量对能源完全消耗的回归系数虽为正值，但统计上没有通过 10% 的显著性水平检验，因而无法断定承接基本材料变量对能源消耗的影响方向和大小；承接加工品外包变量对能源完全消耗的回归系数统计上不仅没有通过 10% 的显著性水平检验，而且符号为负，同样无法验证承接加工品外包变量对能源消耗的正向影响和大小；仅有承接零配件外包变量对能源完全消耗的回归系数通过了统计显著性水平检验，它的影响系数（6.76×10^{-7} 个单位）远远大于模型 2 承接外包对完全消耗变量的影响系数（2.00×10^{-8}）。从经济意义上可以理解为，

1个单位承接零配件外包（亿元）引致的能源完全消耗会正向变化 6.76×10^{-7} 个单位（万吨），也就是说，1991—2010年中国12行业里，每有1个万元单位零配件产品的承接外包，能源完全消耗会正向变化 67.6 个单位（吨）。现阶段，虽然中国承接中间产品工艺开始趋向复杂，从初期基本材料、加工品逐渐转向承接工艺较先进的零配件，但是承接零配件引致的较大能源消耗量这一现实不容忽视。

表5.4　　　　　　　　　　能源完全消耗基本模型估计结果

	模型1	模型2	模型3
前期能源完全消耗 ($eng_{i,t-1}$)	1.000 *** (2.40×10^{9})	1.000 *** (6.70×10^{8})	1.000 *** (1.40×10^{8})
出口贸易 ($ext_{i,t}$)	1.08×10^{-8} ** (2.08)		
承接外包 ($cob_{i,t}$)		2.00×10^{-8} ** (2.07)	
承接基本材料外包 ($cobb_{i,t}$)			4.67×10^{-7} (1.10)
承接加工品外包 ($cobp_{i,t}$)			-2.56×10^{-7} (−1.21)
承接零配件外包 ($coba_{i,t}$)			6.76×10^{-7} * (1.75)
资本品出口 ($cag_{i,t}$)		-5.47×10^{-8} (−1.40)	-2.90×10^{-7} (−1.33)
消费品出口 ($cog_{i,t}$)		-2.02×10^{-8} (−1.08)	6.03×10^{-8} (0.84)
国内消费 ($con_{i,t}$)	4.96×10^{-9} (1.42)	7.29×10^{-9} (1.07)	7.49×10^{-8} (0.94)
国内投资 ($inv_{i,t}$)	-1.61×10^{-9} (−1.14)	-5.99×10^{-9} (−0.70)	-1.28×10^{-9} (−0.07)
进口系数 ($imp_{i,t}$)	-6.55×10^{-5} * (−1.61)	-1.49×10^{-4} * (−1.69)	-9.04×10^{-4} (−1.55)
AR (1)	-4.79 ($P = 0.000$)	-6.53 ($P = 0.000$)	-4.12 ($P = 0.000$)
AR (2)	0.37 ($P = 0.711$)	0.41 ($P = 0.684$)	-0.45 ($P = 0.654$)
过度识别检验	0.34 ($P = 1.000$)	0.05 ($P = 1.000$)	0.02 ($P = 1.000$)
GMM 估计方法	一步系统	一步系统	两步差分

注：表中变量回归结果的括号内为估计系数的 t 统计量，***、**、* 分别表示在1%、5%、10%水平上显著；自回归（AR）检验和过度识别检验结果的括号内是 P 值结果，自相关检验（AR（1）、AR（2））的原假设不存在一阶或二阶自相关；估计方法选项包括四种：一步差分 GMM 估计、两步差分 GMM 估计、一步系统 GMM 估计、两步系统 GMM 估计。

在各模型中，进口系数变量对能源完全消耗的回归系数基本上通过10%显著性水平检验，符号也基本符合公式（5.17）的预期方向，因此，根据检验结果，可以接受陈迎等人（2008）的部分结论：进口更多内含能源的商品，可以将生产加工的能源消耗留在国门以外。本章的结论进一步显示，如果不考虑承接外包，进口贸易对能源完全消耗的降低作用比较明显，但若考虑承接外包的因素，进口贸易对能源完全消耗的降低作用则有所减弱。因此，增加消费品和资本品的进口贸易，同时降低以承接外包（加工贸易）为目的的中间品进口贸易，可以实现明显的节能收益。

（二）承接外包与碳完全排放

表5.5中模型1估计结果证明了样本期间出口贸易变量对碳完全排放的回归系数通过了1%显著性水平检验，符号为正，符合公式（5.17）出口贸易对碳完全排放变量影响的预期方向。从经济意义上看，单位出口引致的碳完全排放会正向变化1.565个单位。因此，模型验证结果揭示了朱启荣（2010），李小平、卢现祥（2010）提出的出口贸易中高碳产品转移问题。

模型2将出口贸易分解为三种形式，其中，样本期间资本品出口变量对碳排放的回归系数虽为负值，但统计上没有通过10%显著性水平检验，无法断定资本品出口变量对碳排放的影响；消费品出口对碳排放的回归系数通过了10%的显著性水平检验，影响系数为正，它的影响系数（1.196）略低于模型1中对碳完全排放变量的影响系数（1.565）；承接外包变量对碳排放的回归系数不仅通过了5%的显著性水平检验，而且它的影响系数（2.645）明显高于模型1中出口贸易对碳完全排放变量的影响系数（1.565）。从经济意义上可以理解为承接外包是中国出口贸易中引致碳排放快速增长的最主要拉动力量。

模型3进一步将承接外包行为分类。1991—2010年，中国12行业样本期间，承接外包指标对碳排放的系数结果显示出与能源消耗完全不同的特征：承接基本材料外包变量对碳排放回归系数通过了统计显著性水平检验，它的影响系数（15.743）远高于模型2承接外包对碳排放变量的影响值（2.645）；承接加工品外包变量对碳排放的回归系数（3.119）也为

表 5.5 碳完全排放基本模型估计结果

	模型 1	模型 2	模型 3
前期碳完全排放	1.063 ***	1.069 ***	0.998 ***
($co_{2i,t-1}$)	(72.81)	(68.12)	(15.65)
能源消费	0.646	0.632	0.838
(en)	(1.10)	(1.03)	(1.21)
出口贸易	1.565 ***		
($ext_{i,t}$)	(3.95)		
承接外包		2.645 **	
($cob_{i,t}$)		(2.11)	
承接基本材料外包			15.743 *
($cobb_{i,t}$)			(1.65)
承接加工品外包			3.119 *
($cobp_{i,t}$)			(1.88)
承接零配件外包			−0.184
($coba_{i,t}$)			(−0.04)
资本品出口		−0.385	0.953
($cag_{i,t}$)		(−0.38)	(0.37)
消费品出口		1.196 *	0.631
($cog_{i,t}$)		(1.80)	(0.76)
国内消费	−0.802	−0.835	−0.709
($con_{i,t}$)	(−1.36)	(−1.40)	(−1.11)
国内投资	−0.345	−0.268	−0.077
($inv_{i,t}$)	(−0.78)	(−0.55)	(−0.15)
进口系数	−2822.83	−2042.19	−2948.43
($imp_{i,t}$)	(−0.30)	(−0.20)	(−0.37)
AR (1)	−2.68 ($P = 0.007$)	−2.91 ($P = 0.004$)	−3.10 ($P = 0.002$)
AR (2)	1.63 ($P = 0.103$)	1.69 ($P = 0.102$)	1.47 ($P = 0.142$)
过度识别检验	0.00 ($P = 1.000$)	0.00 ($P = 1.000$)	0.00 ($P = 1.000$)
GMM 估计方法	一步系统	一步系统	一步系统

注：表中变量回归结果的括号内为估计系数的 t 统计量，***、**、* 分别表示在1%、5%、10%水平上显著；自回归（AR）检验和过度识别检验结果的括号内是 P 值结果，自相关检验（AR (1)、AR (2)）的原假设不存在一阶或二阶自相关；估计方法选项包括四种：一步差分 GMM 估计、两步差分 GMM 估计、一步系统 GMM 估计、两步系统 GMM 估计。

正值，通过了统计上 10% 显著性水平检验，略高于模型 2 承接外包对碳排放变量的影响值（2.645）；承接零配件外包变量对碳排放的回归系数在统计上不仅没有通过 10% 的显著性水平检验，而且符号为负，无法验证承接零配件外包变量对碳排放的正向影响和大小。因此，现阶段，中国承接加工品、基本材料加工环节仍是出口贸易中引致碳排放过度的主要因素，零配件中间环节的承接虽导致了能源的过度消耗，但还无法证明零配件的承接是造成中国制造业主要行业碳排放过度的主要因素。

在各模型中，进口系数变量对能源完全消耗的回归系数虽为负，基本上符合公式（5.17）的预期方向，但统计上都没有通过 10% 的显著性水平检验，因此，样本结果还无法判断进口贸易对碳完全排放的影响方向和大小。

四　承接外包强度引致的能源消耗、碳排放强度

（一）承接外包强度与能源消耗强度

表 5.6 中模型 1 的估计结果证明了样本期间出口贸易强度对能源完全消耗强度的回归系数通过了 1% 的显著性水平检验，符号为正，符合预期。从经济意义上看，1 个单位出口贸易强度（单位产出中出口贸易比例）引致的能源完全消耗强度（单位产出中能源完全消耗比值）会正向变化 3.502 个单位。这一验证结果再次证明了表 5.4 中模型 1 的结果：出口贸易拉动了中国能源消耗的快速增长。

表 5.6 中模型 2 出口贸易三种形式的估计结果基本上与表 5.4 中模型 2 相同：资本品出口强度、消费品出口强度对能源完全消耗强度没有显著影响，承接外包强度对能源完全消耗强度的回归系数不仅在统计意义上高度显著（通过了 1% 显著性水平检验），而且它的影响系数（12.263）明显高于表 5.6 模型 1 中出口贸易强度对完全消耗强度的影响系数（3.502）。从经济意义上看，1 个单位承接外包强度引致的能源完全消耗强度会正向变化 12.263，从承接外包强度估计结果来看，承接外包是引致能源消耗快速增长的主要拉动力量。

模型 3 进一步将承接外包强度分类。承接外包各指标系数估计结果显示，样本期间承接基本材料外包强度对能源完全消耗强度的回归系数虽为正值，但统计上没有通过 10% 的显著性水平检验，无法断定承接基本材料外包强度对能源消耗强度的影响方向和大小；承接加工品外包强度对能源消耗强度的回归系数在统计上通过 1% 显著性水平检验，符号为正，它的影响系数（17.437）高于模型 2 承接外包强度的影响系数（12.263）；如果消除了行业规模的影响，承接零配件外包强度对能源消耗强度的影响系数显著为负。因此，如果消除了行业规模的影响，承接加工品外包强度

是引致能源消耗强度增加的最主要正向拉动因素，而承接零配件外包强度则会部分抵消承接外包强度对能源消耗的正向拉动影响作用。

表 5.6　　　　　　　　能源完全消耗强度模型估计结果

	模型 1	模型 2	模型 3
前期能源消耗强度 ($qeng_{i,t-1}$)	0.709 *** (13.39)	0.647 *** (10.15)	1.000 *** (1.40×10^8)
出口贸易强度 ($qext_{i,t}$)	3.502 *** (4.08)		
承接外包强度 ($qcob_{i,t}$)		12.263 *** (3.22)	
承接材料外包强度 ($qcobb_{i,t}$)			9.097 (0.77)
承接加工品外包强度 ($qcobp_{i,t}$)			17.437 *** (4.22)
承接零配件外包强度 ($qcoba_{i,t}$)			-16.162 *** (-2.56)
资本品出口强度 ($qcag_{i,t}$)		-0.402 (-0.12)	15.067 *** (3.48)
消费品出口强度 ($qcog_{i,t}$)		1.403 (1.12)	-0.770 (-0.63)
国内消费强度 ($qcon_{i,t}$)	2.875 ** (2.02)	2.839 ** (2.13)	2.271 ** (1.96)
国内投资强度 ($qinv_{i,t}$)	0.151 (0.12)	0.046 (0.04)	-0.304 (-0.26)
进口系数 ($imp_{i,t}$)	-0.496 (-0.38)	-3.062 ** (-1.84)	-2.585 * (-1.49)
AR (1)	-6.51 ($P=0.000$)	-7.09 ($P=0.000$)	-6.60 ($P=0.000$)
AR (2)	0.81 ($P=0.421$)	1.65 ($P=0.102$)	0.82 ($P=0.410$)
过度识别检验	156.52 ($P=0.208$)	157.63 ($P=0.190$)	164.65 ($P=0.068$)
GMM 估计方法	一步差分	一步差分	一步差分

注：表中变量回归结果的括号内为估计系数的 t 统计量，***、**、* 分别表示在 1%、5%、10% 水平上显著；自回归（AR）检验和过度识别检验结果的括号内是 P 值结果，自相关检验（AR (1)、AR (2)）的原假设不存在一阶或二阶自相关；估计方法选项包括四种：一步差分 GMM 估计、两步差分 GMM 估计、一步系统 GMM 估计、两步系统 GMM 估计。

在各模型中，进口系数变量对能源完全消耗强度的回归系数基本上通过了统计显著性水平检验，符号也符合预期。同时注意到，国内消费强度是引致能源消耗强度增加的另一个主要因子。

表 5.7　　　　　　　　　　碳完全排放强度模型估计结果

	模型 1	模型 2	模型 3
前期碳排放强度 ($qco_{2i,t-1}$)	0.730 *** (13.60)	0.667 *** (9.90)	0.693 *** (11.93)
出口贸易强度 ($qext_{i,t}$)	8.482 *** (3.61)		
承接外包强度 ($qcob_{i,t}$)		33.383 *** (2.86)	
承接材料外包强度 ($qcobb_{i,t}$)			155.05 *** (3.58)
承接加工品外包强度 ($qcobp_{i,t}$)			48.222 *** (2.63)
承接零配件外包强度 ($qcoba_{i,t}$)			−59.698 * (−1.71)
资本品出口强度 ($qcag_{i,t}$)		−10.540 (−1.06)	66.734 * (1.93)
消费品出口强度 ($qcog_{i,t}$)		0.893 (0.25)	−7.876 * (−1.92)
国内消费强度 ($qcon_{i,t}$)	7.472 * (1.72)	1.666 (0.41)	7.553 ** (2.55)
国内投资强度 ($qinv_{i,t}$)	−1.821 (−0.48)	−2.183 (−0.55)	−1.306 (−0.52)
进口系数 ($imp_{i,t}$)	2.631 (0.66)	−2.346 (−0.45)	−6.970 (−1.07)
AR (1)	−5.15 ($P = 0.000$)	−6.13 ($P = 0.000$)	−1.78 ($P = 0.075$)
AR (2)	−0.74 ($P = 0.460$)	1.02 ($P = 0.309$)	−1.07 ($P = 0.284$)
过度识别检验	156.27 ($P = 0.305$)	153.54 ($P = 0.087$)	0.00 ($P = 1.000$)
GMM 估计方法	一步差分	一步差分	一步系统

注：表中变量回归结果的括号内为估计系数的 t 统计量，***、**、* 分别表示在 1%、5%、10% 水平上显著；自回归（AR）检验和过度识别检验结果的括号内是 P 值结果，自相关检验（AR（1）、AR（2））的原假设不存在一阶或二阶自相关；估计方法选项包括四种：一步差分 GMM 估计、两步差分 GMM 估计、一步系统 GMM 估计、两步系统 GMM 估计。

（二）承接外包强度与碳排放强度

表5.7中模型1的估计结果证明了样本期间出口贸易强度对碳完全排放强度的回归系数通过了1%的显著性水平检验，符号为正，符合公式（5.17）的预期。从经济意义上看，单位出口强度引致的碳完全排放强度会正向变化8.482个单位。因此，这一验证结果从另一个侧面揭示了中国出口贸易中高碳产品转移问题。

模型2将出口贸易分解为三种形式。其中，样本期间消费品出口强度对碳排放强度的回归系数虽为正值，但统计上没有通过10%显著性水平检验，无法断定消费品出口强度对碳排放的影响；资本品出口对碳排放的回归系数为负值，也没有通过10%的显著性水平检验；承接外包强度对碳排放的回归系数不仅通过了1%的显著性水平检验，而且它的影响系数（33.383）明显高于模型1出口强度对碳完全排放强度的影响系数（8.482）。强度模型的分析结果再次验证，承接外包是引致碳排放快速增加的最主要拉动力量。

模型3进一步将承接外包强度分类。1991—2010年中国12行业样本期间，承接外包强度模型对碳排放的系数结果基本上与承接外包基本模型估计结果相同：承接基本材料外包强度对碳排放强度回归系数通过了1%统计显著性水平检验，它的影响系数（155.05）远高于模型2承接外包强度的影响值（33.383）；承接加工品外包强度对碳排放的回归系数（48.222）也为正值，通过了统计上1%显著性水平检验，略高于模型2承接外包对碳排放变量的影响值（33.383）；承接零配件外包强度对碳排放的回归系数在统计上通过10%显著性水平检验，且符号为负，验证了承接零配件外包强度对碳排放的微弱负向影响。因此，从强度上看，中国承接加工品、基本材料加工环节是出口贸易中引致碳过度排放的主要因素，而零配件中间环节的承接可以抵消出口贸易中承接外包导致的碳过度排放。

在各模型中，进口系数变量对能源完全消耗的回归系数基本为负，符合预期，但统计上都没有通过10%显著性水平检验，因此，碳完全排放强度模型估计结果无法验证进口贸易对碳排放的影响方向和大小。

第四节　小结

本章通过构建中国（进口）非竞争型投入产出表，运用动态面板模型 GMM 估计方法，实证检验 1991—2010 年中国 12 行业承接外包与能源消耗、碳排放的动态关联性，从量、强度不同维度研究了细分特征的承接外包活动对能源、环境的综合影响。表 5.8 综合了表 5.4 至表 5.7 的影响系数检验结果，可以获得如下主要结论。

表 5.8　　　　　　　　基本模型和强度模型的主要系数结果

	基本模型		强度模型	
	能源消耗	碳排放	能源消耗	碳排放
出口贸易	+ **	+ ***	+ ***	+ ***
承接外包	+ **	+ **	+ ***	+ ***
承接基本材料外包	+	+ *	+	+ ***
承接加工品外包	−	+ *	+ ***	+ ***
承接零配件外包	+ *	−	− *	− *
资本品出口	−	+	+ ***	+ *
消费品出口	+	+	−	− *
进口系数	−	−	− *	

注：表中显示了主要系数结果的符号以及统计显著水平，***、**、* 分别表示在1%、5%、10%水平上显著。

首先，基本模型和强度模型的估计结果均显示，样本期间出口贸易对能源完全消耗、碳完全排放有着显著的正向影响，进口变量对能源消耗、碳排放的影响系数基本上为负数，从而揭示了出口贸易不仅拉动中国能源的快速增长，并引发了高碳排放问题，进口则在一定程度上转移了高耗能和高碳排放生产环节。

出口贸易被分解为三种形式：消费品出口、资本品出口和承接外包（或称为中间产品出口）。相对于前两种贸易方式（消费品出口、资本品出口）影响幅度较小的结果，承接外包活动不仅对主要指标有非常显著的影响作用，而且它的影响系数明显高于出口贸易指标的影响系数。鉴于此，承接国外中间生产环节的外包业务被验证为中国开放经济中诱发能源消耗和碳排放快速增长的最主要拉动力量。

　　本章继续探究不同特征的承接外包活动对能源消耗、碳排放的综合影响。其中，基本材料外包对碳排放有着明显的正向影响；除了承接加工品外包对能源完全消耗总量有统计意义上不显著的负向影响以外，样本数据显示，承接加工品外包对碳排放总量、强度以及能源消耗强度有着显著的正向影响；除了承接零配件外包对能源完全消耗总量有统计意义上较显著的正向影响以外，承接零配件外包对能源消耗强度、碳排放强度有统计意义上显著的负向影响。因此可以认为，中国承接加工品、基本材料仍是承接业务环节中引致碳排放过度的最主要因素，零配件中间环节的承接虽导致了能源的过度消耗，但承接零配件可以抵消中国制造业主要行业承接外包引致的碳过度排放的负向作用。

第六章　贸易、外包数据的时间和个体异常值

　　面板模型是统计学和经济计量学中的重要模型之一，在经济学、生物学、医学、社会学、工程、农业等领域都得到了广泛应用。如果研究的面板数据集中存在不寻常和不协调的观测值，没有近似满足随机误差项服从独立、同分布等假设时，则会出现一些远离样本数据主体的点，即异常值点。异常值是影响统计数据质量的一个极其重要的因素。

第一节　面板数据异常值理论的文献综述

　　异常值的产生因素很多，比如样本数据中存在的测量误差，仪器故障，抄录失误，模型形式设定不准确，截面个体之间的差异，因素干扰等。在统计建模和计量经济学建模中，往往会遇到异常值点的影响。尤其在处理实验数据时，经常会遇到个别数据值偏离预期或大量统计数据值的情况。若把这些数据值和正常数据值一起纳入统计，可能会影响实验结果的正确性。这些异常数据会使相应的分析误差加大，使一些经典的分析方法变得毫无价值，甚至会引起决策上的失误，导致无法估计的损失。若将这些数据值加以简单剔除，则有可能忽略或丢失重要的实验信息。如果样本中含有异常值，即被污染的观测值，经典的最小二乘估计将被严重扭曲，导致得出不可靠的结论，甚至结果会被完全颠覆。许多研究表明，在估计参数时，异常值产生的干扰效应能够引起严重偏差（Fox，1972；Martin & Yohai，1986；Chang et al.，1988；Verardi & Croux，2009）。异常值识别与处理被学者认为是数据分析和统计模型诊断的一个重要内容（Febrero et al.，2008；Tan et al.，2013；Pineiro Di Blasi et al.，2013）。

最初，国外文献对于异常值诊断的研究，主要集中在时间序列模型上，在这方面做出了有价值和有影响力的贡献。例如，Fox（1972）较早提出了时间序列模型异常值诊断的一个基本方法。对于线性模型，一般方法是使用均值漂移模型来探测异常值，并被学者证明与学生化残差是等价的（Hawkins，1980；Cook & Weisberg，1982）。Chang 等人（1988）提出了一种迭代程序来探测异常值，并考虑了两种不同类型异常值 AO 和 IO。近些年，研究者开始关注复杂模型的异常值。Chen（2008）提出 ARIMA 模型的异常值诊断。Willems 等人（2009）研究了多水平模型下的异常值诊断。Riani 等人（2009）研究了未知数量的多水平模型的异常值诊断。Cerioli（2010）基于高突破点的最小方差估计研究了多水平异常值检验。Yan（2011）使用一种革新的方法——SOM 和 ANLM，研究多水平模型的异常值探测。Yuen 和 Mu（2012）提出线性回归模型的异常值问题。Rapallo（2012）使用对数线性模型研究了异常值，并通过检验区分异常值的模式。Kuhnt 等人（2014）提出一种新方法，研究对数线性模型的异常值问题。尽管一些研究者开始关注面板模型的异常值，但对于面板数据模型的异常值诊断及影响评价的研究成果较少。例如，Bramati & Croux（2007）指出，面临面板数据模型，尤其是不确定和不熟悉特征的大数据集，很难直观的辨认异常值，而诊断异常值的常用方法——Cook 距离，可能会遭受遮蔽现象。Lyu（2015）研究了异常值干扰在剩余扰动项 ε_{it} 上，且假设对 ε_{it} 的干扰仅与个体有关，而与时间无关，提出了面板数据横截面个体异常的检测方法。

在经典计量回归模型下研究检验异常值点的诊断方法及影响评价方法方面，国内研究者也取得了一定的成果。一些方法和实践程序已被用来诊断和处理时间序列模型、线性模型和多水平模型的异常值。张德然（2003）研究了仅有异常小值，或仅有异常大值，以及既有异常小值又有异常大值三种情形下统计数据中异常值的检验方法。杨丽丰和陈雄波（2006）基于人工网络理论的方法对实例异常点进行判别，并讨论了 ANN 的适用性和优缺点。叶川等人（2007）对计量测试中异常数据的方法进行了深入分析和讨论。凌佳和夏乐天（2008）用 Score 诊断统计量证明了具有异方差的线性模型中均值漂移模型和数据删除模型是等价的，通过实际案例分析得出讨论具有异方差的线性模型中的异常点，用均值漂移模型中的 Score 检验统计量诊断异常点的效果较好。楼润瑜等（2008）给出在小样本情况下，监测数据异常点判别方法的选择比较，讨论了稳健统计量

Z 值检验小样本中的数据异常点比传统 Z 值检验的优点。邵婷婷等人（2008）介绍了两种剔除异常数据的方法，提出了新方法和罗曼诺夫斯基准则。李培军（2009）研究抽样调查中样本异常值对样本指标的影响，同时对样本异常值的测量问题进行了讨论。王元明和熊伟（2009）讨论了基于统计方法、距离方法、偏离方法、密度方法的数据挖掘方法的优缺点，对高雄数据的异常点检测和基于聚类的异常点检验这两种诊断异常点的算法进行了具体分析。陈叶琼（2009）运用方差漂移模型对面板数据的异常值进行检验，并给出了多种情形的检验统计量。金立斌、戴晓文和石磊（2015）研究了广义空间模型中单个异常值检验问题，分别在均值漂移模型和方差加权模型下导出了检验统计量的具体形式，并给出了在两种异常值模型下检验统计量的近似分布。

现有文献主要集中探讨线性模型或时间序列模型中的异常值检验问题。对于面板模型的异常值检验问题并未受到国内外学者的广泛关注。时间序列经常用于检测异常点的统计模型有数据删除模型和均值漂移模型，这两个模型对于异常点的识别已被证明具有等价性。然而，由于面板模型中的个体效应问题，传统均值漂移模型不适用于该类模型，这使得面板异常值模型的设定不同于一般的线性回归模型和时间序列模型，它对于异常值的敏感性可能大于普通线性回归模型和时间序列模型。由于面板数据复杂的二维数据结构特征，异常值不仅会出现在时间序列上，还将出现在横截面序列上，明显增大了面板数据模型异常值检测问题的难度。当统计建模时往往会遇到样本容量较大的观测数据，观测数据中可能不仅仅含有一个异常数据，而是存在多个异常数据，传统的单个异常值检测准则法受限于对多个异常数据的诊断。若样本观测数据中出现多个异常数据的情形，检验方法可能会出现屏蔽效应。面板数据异常值的识别对于模型的优化和经济现象的合理解释起着重要作用，对于面板数据模型的时点或个体异常值检验就显得尤为重要。

本章集中探讨面板数据模型时点或个体上的异常值诊断，考虑下列情形：ε_{it} 的干扰仅与时间有关，不随个体的变化而改变；ε_{it} 的干扰不仅与个体有关而且与时间有关；ε_{it} 的干扰仅与个体有关而与时间无关。本章考虑样本观测值可能存在单个或多个异常值的情形，提出基于剩余扰动项方差干扰的异常值模型，这个模型干扰在时间 t 或横截面个体上。作为检验异常值的统计量，基本要求是能够较好地反映异常值与样本主体的差异，构造有较强抗污染能力的检验统计量，建立新的适用于检测多个异常数据的检测方法。为简化检验过程，运用参数转换方法，基于严格正定连续二次可微函数，通过一阶导数和信息矩阵逆矩阵的计算，使用拉格朗日乘数法（Lagrange Multiplier，LM）探测面板数据时间或个体上的异常值点或点群，给出异常值诊断的检验统计量。为了不失一般性，不仅研究了多个横截面个体在单一时间或多个时间的异常值诊断方法，而且研究了单一个体、多个体的异常值诊断方法，提出随机效应模型和固定效应模型在时间上的横截面个体或序列的异常值诊断方法。最后通过经济贸易实例证明所构建的 LM 统计量可以有效诊断面板数据模型的时点或个体异常情况。

第二节 异常值模型构建

一 面板数据模型

下面考虑带有个体效应的面板数据模型：

$$y_{it} = \alpha_i + x'_{it}\beta + \varepsilon_{it} \quad (i = 1,2,\cdots,N; t = 1,2,\cdots,T) \tag{6.1}$$

这里下标 i 表示个体；t 表示时间；y_{it} 表示个体 i 在时间 t 上的被解释变量；x_{it} 是 $K \times 1$ 解释向量（$x'_{it} = (x_{it1}, x_{it2}, \cdots, x_{itK})$）；$\beta$ 是 $K \times 1$ 回归参数向量；α_i 是不随时间变化的不可观测的个体效应，$\alpha_i \sim IID(0, \sigma_\alpha^2)$；$\varepsilon_{it}$ 表示与时间截面不相关的剩余扰动项，$\varepsilon_{it} \sim IID(0, \sigma_\varepsilon^2)$。

面板数据模型的矩阵形式如下：

$$y = x\beta + z_\alpha\alpha + \varepsilon \tag{6.2}$$

这里 $y = (y_{11}, y_{12}, \cdots, y_{NT})'$ 是 $NT \times 1$ 的被解释向量；$x = (x_{11}, x_{12}, \cdots, x_{NT})'$ 是 $NT \times K$ 矩阵。K 是解释变量个数；$Z_\alpha = I_N \otimes l_T$，$l_T = (1,1,\cdots,1)'$，$\alpha = (\alpha_1, \alpha_2, \cdots, \alpha_N)'$ 是 $N \times 1$ 个体效应向量，$\otimes$ 是克罗内克乘积；ε 是 $NT \times 1$ 向量。

二 异常值模型

在面板数据中时间点上的异常特征将可能会影响参数估计、假设检验。如果面板数据模型含有异常值，将会污染误差项，这意味着误差项的方差将产生偏离。本章构建了基于剩余扰动项的方差干扰效应异常值模型，该模型反映了面板数据在时间 t 上的异常情况。

（一）干扰在时间上的异常值模型

假设异常值干扰剩余扰动项 ε_{it}，且 ε_{it} 的干扰仅与时间有关，不随个体的变化而改变，即 $\varepsilon_{it} \sim N(0, \sigma^2_{\varepsilon_t})$ ，面板数据异常值模型为：

$$y = x\beta + z_\alpha \alpha + \varepsilon , \varepsilon \sim (0, \Omega_\varepsilon)$$

$$\Omega_\varepsilon = \sigma^2_\varepsilon [I_N \otimes I_T - \sum_{s \in S} (1 - f_\varepsilon(\theta_{\varepsilon_s}))(I_N \otimes G_s)] , \theta_{\varepsilon_s} \neq 0 , S =$$

$\{s_1, s_2, \cdots, s_p\}$ (6.3)

这里，$f_\varepsilon(\theta_\varepsilon)$ 表示任意严格正定二次连续可微函数，它满足下列条件：$f_\varepsilon(\theta_\varepsilon) > 0$ ，$f_\varepsilon(0) = 1$ ，$f_\varepsilon^{(1)}(0) \neq 0$。$f_\varepsilon^{(1)}(x)$ 表示 $f_\varepsilon(x)$ 关于 x 的一阶导数。G_s 表示一个 $T \times T$ 矩阵，且第 s 个对角线元素为1，其余元素为零。

（二）干扰在个体截面项和时间上的异常值模型

假设异常值干扰剩余扰动项 ε_{it} ，且 ε_{it} 的干扰不仅与个体有关而且与时间有关，即 $\varepsilon_{it} \sim N(0, \sigma^2_{\varepsilon_{it}})$ ，面板数据异常值模型为：

$$y = x\beta + z_\alpha \alpha + \varepsilon , \varepsilon \sim (0, \Omega_\varepsilon)$$

$$\Omega_\varepsilon = \sigma^2_\varepsilon [I_{NT} - \sum_{j \in J} (1 - f_\varepsilon(\theta_{\varepsilon_{i_j t_j}}))(M_{i_j t_j})] , \theta_{\varepsilon_{i_j t_j}} \neq 0 \quad (6.4)$$

这里，$f_\varepsilon(\theta_\varepsilon)$ 表示任意严格正定二次连续可微函数，它满足下列条件：$f_\varepsilon(\theta_\varepsilon) > 0$ ，$f_\varepsilon(0) = 1$ ，$f_\varepsilon^{(1)}(0) \neq 0$。$f_\varepsilon^{(1)}(x)$ 表示 $f_\varepsilon(x)$ 关于 x 的一阶导数。$J = \{1, 2, \cdots, m\}$ 且 $m < \frac{1}{2}NT$ ，M_{it} 表示一个 $NT \times NT$ 矩阵且第 i 个对角矩阵的第 t 个对角线元素为1，其他元素为零。

（三）干扰在个体截面项上的异常值模型

假设异常值干扰剩余扰动项 ε_{it} ，且 ε_{it} 的干扰仅与个体有关而与时间无关，即 $\varepsilon_{it} \sim N(0, \sigma^2_{\varepsilon_j})$ 。

面板数据异常值模型为：

$$y = x\beta + z_\alpha \alpha + \varepsilon , \varepsilon \sim (0, \Omega_\varepsilon)$$

$$\Omega_\varepsilon = \sigma^2_\varepsilon [diag(I_T, I_T, \cdots, f_\varepsilon(\theta_{\varepsilon_j})I_T, I_T, \cdots, I_T)] , \theta_{\varepsilon_j} \neq 0 \quad (6.5)$$

这里，$f_\varepsilon(\theta_\varepsilon)$ 表示任意严格正定二次连续可微函数，它满足下列条件：$f_\varepsilon(\theta_\varepsilon) > 0$ ，$f_\varepsilon(0) = 1$ ，$f_\varepsilon^{(1)}(0) \neq 0$。$f_\varepsilon^{(1)}(x)$ 表示 $f_\varepsilon(x)$ 关于 x 的一阶导数，$f_\varepsilon(\theta_{\varepsilon_j})I_T$ 表示第 j 个对角矩阵，就是第 j 个个体方差干扰效应模型。如果异常值不仅影响第 j 个个体观测值，而且影响随后一系列的观测值，那么，为不失一般性，假定异常值有连续的影响，分别是 $f_\varepsilon(\theta_{\varepsilon_{j_1}})$ ，$f_\varepsilon(\theta_{\varepsilon_{j_2}}), \cdots, f_\varepsilon(\theta_{\varepsilon_{j_k}})$ 。

如果模型中存在多个异常值，则 $\Omega_\varepsilon = \sigma^2_\varepsilon [I_{NT} - \sum_{j \in J} (1 - f_\varepsilon(\theta_{\varepsilon_j}))D_j]$ ，

$J = \{j_1, j_2, \cdots, j_k\}$。$D_j$ 表示第 j 个对角矩阵为 $T \times T$ 维单位矩阵，其他为 0 矩阵的 $NT \times NT$ 分块矩阵。

三 异常值探测与检验

在正态性假设下，似然函数为：

$$L(y \mid x; \beta, \sigma_\varepsilon^2, \sigma_\alpha^2) = c - \frac{1}{2}\ln|\Omega| - \frac{1}{2}u'\Omega^{-1}u$$

$$= c - \frac{1}{2}\sum_{i=1}^{N}\ln|\Omega_i| - \frac{1}{2}\sum_{i=1}^{N}u'_i\Omega_i^{-1}u_i \qquad (6.6)$$

其中，$u = y - x\beta$，$u_i = y_i - x_i\beta$，Ω 是误差项 u 的方差协方差矩阵，且

$$\Omega = E(uu') = Z_\alpha E(\alpha\alpha')Z'_\alpha + E(\varepsilon\varepsilon')$$

$$= \sigma_\alpha^2(I_N \otimes J_T) + \sigma_\varepsilon^2 I_{NT} \qquad (6.7)$$

其中，$\Omega_i = E(u_iu'_i) = \sigma_\alpha^2 l_T l'_T + \sigma_\varepsilon^2 I_T$，$l_T = (1,1,\cdots,1)'$ is $T \times 1$ 向量。

Ω 的逆矩阵为：

$$\Omega^{-1} = \sigma_\varepsilon^{-2}I_{NT} - \sigma_\alpha^2\sigma_\varepsilon^{-2}(T\sigma_\alpha^2 + \sigma_\varepsilon^2)^{-1}diag[J_T, \cdots, J_T]$$

$$\Omega_i^{-1} = \sigma_\varepsilon^{-2}\left(I_T - \frac{\sigma_\alpha^2}{T\sigma_\alpha^2 + \sigma_\varepsilon^2}l_T l'_T\right)$$

对似然函数求关于 $\beta, \sigma_\varepsilon^2, \sigma_\alpha^2$ 的偏导：

$$\frac{\partial L}{\partial \beta} = x'\Omega^{-1}y - (x'\Omega^{-1}x)\beta = x'\Omega^{-1}u$$

$$\frac{\partial L}{\partial \sigma_\varepsilon^2} = -\frac{1}{2}tr\Omega^{-1} + \frac{1}{2}u'\Omega^{-2}u$$

$$\frac{\partial L}{\partial \sigma_\alpha^2} = -\frac{1}{2}tr\Omega^{-1}(I_N \otimes J_T) + \frac{1}{2}u'\Omega^{-2}(I_N \otimes J_T)u$$

令 $\tilde{\beta}, \tilde{\sigma}_\varepsilon^2, \tilde{\sigma}_\alpha^2$ 表示 $\beta, \sigma_\varepsilon^2, \sigma_\alpha^2$ 极大似然估计量（Maximum likelihood estimator, MLE），则 $\partial L/\partial \beta$，$\partial L/\partial \sigma_\varepsilon^2$，$\partial L/\partial \sigma_\alpha^2$ 在约束条件下的 MLE 为零。

Baltagi（2005）指出，即使误差项是可观测的，极大似然估计方程是非线性的，则很难直接求解。正因为如此，在异常值模型下，参数的极大似然估计没有明显的表达式，无法给出检验统计量的精确分布。因此可以引入拉格朗日乘数法（Lagrange Multiplier, LM），由于 LM 仅依赖于原假

设下的参数估计，在结果上较为简洁。尽管基于 LM 检验的统计量分布只能获得渐近分布，然而众多研究表明，LM 检验即使在小样本情形下也是较为有效的。在使用数据分析时，可能会出现单变量，虽未表现出异常，但却不符合变量间的结构性和相关性，通过 LM 检验法能够有效识别明显扰乱这种相互关系的异常值，而传统的检验方法却对这一问题无能为力。

（一）$H_0 : \theta_{\varepsilon_s} = 0$ 的 LM 检验

基于干扰在时间上的异常值模型（式（6.3）），似然函数为：

$$L(y \mid x ; \beta, \sigma_\varepsilon^2, \sigma_\alpha^2, \theta_{\varepsilon_s}) = c - \frac{1}{2} \ln |\Omega| - \frac{1}{2} u' \Omega^{-1} u \tag{6.8}$$

其中，$\Omega = \sigma_\alpha^2 (I_N \otimes J_T) + \sigma_\varepsilon^2 [I_N \otimes I_T - \sum_{s \in S} (1 - f_\varepsilon(\theta_{\varepsilon_s}))$
$(I_N \otimes G_s)]$

该异常值的检验问题可归结为如下检验问题 $H_0 : \Omega_\varepsilon = \sigma_\varepsilon^2 I_{NT} \sim H_1 :$
$\Omega_\varepsilon \neq \sigma_\varepsilon^2 I_{NT}$，等价于 $H_0 : \theta_{\varepsilon_s} = 0 \sim H_1 : \theta_{\varepsilon_s} \neq 0$，$s \in S$。令 $\rho = (\sigma_\varepsilon^2, \sigma_\alpha^2,$
$\theta_{\varepsilon_{s_1}}, \cdots, \theta_{\varepsilon_{s_p}})'$，在零假设 H_0 下，方差协方差矩阵的逆矩阵是：

$$\Omega^{-1} \big|_{H_0} = \sigma_\varepsilon^{-2} I_{NT} - \sigma_\alpha^2 \sigma_\varepsilon^{-2} (T \sigma_\alpha^2 + \sigma_\varepsilon^2)^{-1} (I_N \otimes J_T) \tag{6.9}$$

基于 Magnus（1978）、Lejeune（1996）和 Baltagi（2005）的研究，信息矩阵为 $\psi = - E_0 [H \mid x ; \beta, \rho]$，因此，LM 检验统计量为（详细解释过程见附录 6.1）：

$$LM = \tilde{D}_\rho' \tilde{\psi}_\rho^{-1} \tilde{D}_\rho \tag{6.10}$$

这里 $\tilde{D}_\rho = \partial L / \partial \rho(\tilde{\rho})$ 似然函数是关于在受约束条件下 ρ 的 MLE 每个元素的偏导数向量。$\tilde{\psi}_\rho = E[- \partial^2 L / \partial \rho \partial \rho'](\tilde{\rho})$ 表示在受约束条件下 ρ 的 MLE 信息矩阵。在原假设下，这个统计量渐进服从 k_ρ 个自由度的 χ^2 分布。k_ρ 是向量 ρ 的参数个数。

$\tilde{D}_\rho$ 可通过下列公式计算得出：

$$\partial L / \partial \rho_r = - \frac{1}{2} tr [\Omega^{-1} (\partial \Omega / \partial \rho_r)] + \frac{1}{2} [u' \Omega^{-1} (\partial \Omega / \partial \rho_r) \Omega^{-1} u] \tag{6.11}$$

根据 Baltagi（2005），信息矩阵计算公式为：

$$\psi_{rs} = E[- \partial^2 L / \partial \rho_r \partial \rho_s] = \frac{1}{2} tr [\Omega^{-1} (\partial \Omega / \partial \rho_r) \Omega^{-1} (\partial \Omega / \partial \rho_s)] \tag{6.12}$$

由附录可得：

$$\frac{\partial L}{\partial \theta_{\varepsilon_{s_j}}}\Big|_{H_0} = f'_\varepsilon(0)\Big[-\frac{N}{2} + \frac{\tau N}{2} + \frac{1}{2}\tilde{\sigma}_\varepsilon^{-2}\sum_{i=1}^N \tilde{u}_{is_j}^2 + \Big(-\tau\tilde{\sigma}_\varepsilon^{-2} + \frac{T}{2}\tau^2\tilde{\sigma}_\varepsilon^{-2} \Big)$$

$$\Big(\sum_{i=1}^N \Big(\tilde{u}_{is_j} \cdot \sum_{t=1}^T \tilde{u}_{it} \Big) \Big) \Big] \tag{6.13}$$

令 $\mu_j = -\frac{N}{2} + \frac{\tau N}{2} + \frac{1}{2}\tilde{\sigma}_\varepsilon^{-2}\sum_{i=1}^N \tilde{u}_{is_j}^2 + \Big(-\tau\tilde{\sigma}_\varepsilon^{-2} + \frac{T}{2}\tau^2\tilde{\sigma}_\varepsilon^{-2} \Big)\Big(\sum_{i=1}^N \big(\tilde{u}_{is_j} \cdot$

$\sum_{t=1}^T \tilde{u}_{it} \big) \Big)$ ，则 $\frac{\partial L}{\partial \theta_{\varepsilon_{s_j}}}\Big|_{H_0} = f'_\varepsilon(0)\mu_j$ 。

定理 6.1 假设 $\tilde{\sigma}_\varepsilon^2, \tilde{\sigma}_\alpha^2$ 表示 $\sigma_\varepsilon^2, \sigma_\alpha^2$ 的 MLE，$S = \{s_1, s_2, \cdots, s_p\}$，异常值干扰剩余扰动项 ε_{it} 且 $\varepsilon_{it} \sim N(0, \sigma_{\varepsilon_t}^2)$，则 LM 统计量为：

$$LM = \tilde{D}'_\rho \tilde{\psi}_\rho^{-1}\tilde{D}_\rho = (\tilde{D}_{\theta_{\varepsilon_s}})'\tilde{\psi}_{\theta_{\varepsilon_s}}^{-1}(\tilde{D}_{\theta_{\varepsilon_s}}) = (\tilde{D}_{\theta_{\varepsilon_s}})'(A_{22} - A_{21}A_{11}^{-1}A_{12})^{-1}(\tilde{D}_{\theta_{\varepsilon_s}})$$

$$= (f'_\varepsilon(0)\mu_1 \quad f'_\varepsilon(0)\mu_2 \quad \cdots \quad f'_\varepsilon(0)\mu_p)\tilde{\psi}_{\theta_{\varepsilon_s}}^{-1}\begin{pmatrix} f'_\varepsilon(0)\mu_1 \\ f'_\varepsilon(0)\mu_2 \\ \vdots \\ f'_\varepsilon(0)\mu_p \end{pmatrix}$$

$$= \frac{2}{N(1 - 2\tau + T\tau^2)}\Big(\sum_{s=1}^p \mu_s^2 + \frac{1}{T-p}\sum_{r,s=1}^p \mu_s\mu_r \Big) \tag{6.14}$$

其中，$\mu_j = -\frac{N}{2} + \frac{\tau N}{2} + \frac{1}{2}\tilde{\sigma}_\varepsilon^{-2}\sum_{i=1}^N \tilde{u}_{is_j}^2 + \Big(-\tau\tilde{\sigma}_\varepsilon^{-2} + \frac{T}{2}\tau^2\tilde{\sigma}_\varepsilon^{-2} \Big)\Big(\sum_{i=1}^N \big(\tilde{u}_{is_j} \cdot$

$\sum_{t=1}^T \tilde{u}_{it} \big)$。在原假设 H_0 下，该统计量渐进服从 p 个自由度的 χ^2 分布。

推论 6.1.1 假设 $p > 1$ 且 $\sigma_\alpha^2 = 0$，则面板数据固定效应模型的 LM 统计量为：

$$LM = \tilde{D}'_\rho \tilde{\psi}_\rho^{-1}\tilde{D}_\rho = \frac{2}{N}\Big(\sum_{s=1}^p \mu_s^2 + \frac{1}{T-p}\sum_{s,r=1}^p \mu_s\mu_r \Big) \tag{6.15}$$

其中，$\mu_j = -\frac{N}{2} + \frac{1}{2}\tilde{\sigma}_\varepsilon^{-2}\sum_{i=1}^N \tilde{u}_{is_j}^2$。在原假设 H_0 下，该统计量渐进服从 p 个自由度的 χ^2 分布。

推论 6.1.2 假设 $p = 1$ 且 $\sigma_\alpha^2 > 0$，则面板数据随机效应模型的 LM 统计量为：

$$LM = \tilde{D}'_\rho \tilde{\psi}_\rho^{-1}\tilde{D}_\rho = \frac{2T\mu_s^2}{N(1 - 2\tau + T\tau^2)(T-1)} \tag{6.16}$$

其中，$\mu_s = -\dfrac{N}{2} + \dfrac{\tau N}{2} + \dfrac{1}{2}\tilde{\sigma}_\varepsilon^{-2}\sum\limits_{i=1}^{N}\tilde{u}_{is}^2 + (-\tau\tilde{\sigma}_\varepsilon^{-2} + \dfrac{T}{2}\tau^2\tilde{\sigma}_\varepsilon^{-2})(\sum\limits_{i=1}^{N}(\tilde{u}_{is} \cdot$

$\sum\limits_{t=1}^{T}\tilde{u}_{it}))$。在原假设 H_0 下，该统计量渐进服从一个自由度的 χ^2 分布。

推论 6.1.3 假设 $p = 1$ 且 $\sigma_\alpha^2 = 0$，则面板数据固定效应模型的 LM 统计量为：

$$LM = \tilde{D}_\rho'\tilde{\psi}_\rho^{-1}\tilde{D}_\rho = \frac{2T\mu_s^2}{N(T-1)} \tag{6.17}$$

其中，$\mu_s = -\dfrac{N}{2} + \dfrac{1}{2}\tilde{\sigma}_\varepsilon^{-2}\sum\limits_{i=1}^{N}\tilde{u}_{is}^2$。在原假设 H_0 下，该统计量渐进服从一个自由度的 χ^2 分布。

（二）$H_0 : \theta_{\varepsilon_{it}} = 0$ 的 LM 检验

基于干扰在个体截面项和时间上的异常值模型（式（6.4）），似然函数为：

$$L(y \mid x; \beta, \sigma_\varepsilon^2, \sigma_\alpha^2, \theta_{\varepsilon_{it}}) = c - \frac{1}{2}\ln|\Omega| - \frac{1}{2}u'\Omega^{-1}u \tag{6.18}$$

其中，$\Omega = \sigma_\alpha^2(I_N \otimes J_T) + \sigma_\varepsilon^2[I_{NT} - \sum\limits_{j \in J}(1 - f_\varepsilon(\theta_{\varepsilon_{i_fj}}))M_{i_fj}]$。

异常值检验问题可归结为如下检验问题 $H_0 : \Omega_\varepsilon = \sigma_\varepsilon^2 I_{NT} \sim H_1 : \Omega_\varepsilon \neq \sigma_\varepsilon^2 I_{NT}$，等价于 $H_0 : \theta_{\varepsilon_{it}} = 0 \sim H_1 : \theta_{\varepsilon_{it}} \neq 0$。

由式（6.3）可得：

$$\frac{\partial L}{\partial \theta_{\varepsilon_{i_fj}}}\Big|_{H_0} = f_\varepsilon'(0)\Big[\frac{1}{2} + \frac{\tau}{2} + \frac{1}{2}\tilde{\sigma}_\varepsilon^{-2}\tilde{u}_{i_fj}^2$$

$$+ (-\tau\tilde{\sigma}_\varepsilon^{-2} + \frac{T}{2}\tau^2\tilde{\sigma}_\varepsilon^{-2})((\sum\limits_{s=1}^{T}\tilde{u}_{i_fs}) \cdot \tilde{u}_{i_fj})\Big] \tag{6.19}$$

令 $\gamma_j = -\dfrac{1}{2} + \dfrac{\tau}{2} + \dfrac{1}{2}\tilde{\sigma}_\varepsilon^{-2}\tilde{u}_{i_fj}^2 + (-\tau\tilde{\sigma}_\varepsilon^{-2} + \dfrac{T}{2}\tau^2\tilde{\sigma}_\varepsilon^{-2})((\sum\limits_{s=1}^{T}\tilde{u}_{i_fs}) \cdot \tilde{u}_{i_fj})$，则

$$\frac{\partial L}{\partial \theta_{\varepsilon_{i_fj}}}\Big|_{H_0} = f_\varepsilon'(0)\gamma_j$$

定理 6.2 假设 $\tilde{\sigma}_\varepsilon^2, \tilde{\sigma}_\alpha^2$ 表示 $\sigma_\varepsilon^2, \sigma_\alpha^2$ 的 MLE，异常值干扰剩余扰动项 ε_{it} 且 $\varepsilon_{it} \sim N(0, \sigma_{\varepsilon_{it}}^2)$，则 LM 统计量为：

$$LM = \tilde{D}_\rho'\tilde{\psi}_\rho^{-1}\tilde{D}_\rho = (\tilde{D}_{\theta_{\varepsilon_{it}}})'\tilde{\psi}_{\theta_{\varepsilon_{it}}}^{-1}(\tilde{D}_{\theta_{\varepsilon_{it}}}) = (\tilde{D}_{\theta_{\varepsilon_{it}}})'(B_{22} - B_{21}B_{11}^{-1}B_{12})^{-1}(\tilde{D}_{\theta_{\varepsilon_{it}}})$$

$$= (f'_{\varepsilon}(0)\gamma_1 \quad f'_{\varepsilon}(0)\gamma_2 \quad \cdots \quad f'_{\varepsilon}(0)\gamma_m) \tilde{\psi}^{-1}_{\theta_{\varepsilon_{it}}} \begin{pmatrix} f'_{\varepsilon}(0)\gamma_1 \\ f'_{\varepsilon}(0)\gamma_2 \\ \vdots \\ f'_{\varepsilon}(0)\gamma_m \end{pmatrix}$$

$$= \frac{2}{1 - 2\tau + T\tau^2}(\sum_{s=1}^{m}\gamma_s^2 + \frac{1}{NT - m}\sum_{s,r=1}^{m}\gamma_s\gamma_r) \tag{6.20}$$

其中，$\gamma_j = -\frac{1}{2} + \frac{\tau}{2} + \frac{1}{2}\tilde{\sigma}_{\varepsilon}^{-2}\tilde{u}_{i_jj}^2 + (-\tau\tilde{\sigma}_{\varepsilon}^{-2} + \frac{T}{2}\tau^2\tilde{\sigma}_{\varepsilon}^{-2})((\sum_{s=1}^{T}\tilde{u}_{i_js}) \cdot \tilde{u}_{i_jj})$。

在原假设 H_0 下，该统计量渐进服从 m 个自由度的 χ^2 分布。

推论 6.2.1　假设 $m > 1$ 且 $\sigma_{\alpha}^2 = 0$，则面板数据固定效应模型的 LM 统计量为：

$$LM = \tilde{D}'_{\rho}\tilde{\psi}^{-1}_{\rho}\tilde{D}_{\rho} = 2(\sum_{s=1}^{m}\gamma_s^2 + \frac{1}{NT - m}\sum_{s,r=1}^{m}\gamma_s\gamma_r) \tag{6.21}$$

其中，$\gamma_j = -\frac{1}{2} + \frac{1}{2}\tilde{\sigma}_{\varepsilon}^{-2}\tilde{u}_{i_jj}^2$。在原假设 H_0 下，该统计量渐进服从 m 个自由度的 χ^2 分布。

推论 6.2.2　假设 $m = 1$ 且 $\sigma_{\alpha}^2 > 0$，则面板数据随机效应模型的 LM 统计量为：

$$LM = \tilde{D}'_{\rho}\tilde{\psi}^{-1}_{\rho}\tilde{D}_{\rho} = \frac{2NT\gamma^2}{(1 - 2\tau + T\tau^2)(NT - 1)} \tag{6.22}$$

其中，$\gamma = -\frac{1}{2} + \frac{\tau}{2} + \frac{1}{2}\tilde{\sigma}_{\varepsilon}^{-2}\tilde{u}_{it}^2 + (-\tau\tilde{\sigma}_{\varepsilon}^{-2} + \frac{T}{2}\tau^2\tilde{\sigma}_{\varepsilon}^{-2})((\sum_{s=1}^{T}\tilde{u}_{is}) \cdot \tilde{u}_{it})$。在原假设 H_0 下，该统计量渐进服从一个自由度的 χ^2 分布。

推论 6.2.3　假设 $m = 1$ 且 $\sigma_{\alpha}^2 = 0$，则面板数据固定效应模型的 LM 统计量为：

$$LM = \tilde{D}'_{\rho}\tilde{\psi}^{-1}_{\rho}\tilde{D}_{\rho} = \frac{2NT\gamma^2}{(NT - 1)} \tag{6.23}$$

其中，$\gamma = -\frac{1}{2} + \frac{1}{2}\tilde{\sigma}_{\varepsilon}^{-2}\tilde{u}_{it}^2$。在原假设 H_0 下，该统计量渐进服从一个自由度的 χ^2 分布。

（三）$H_0 : \theta_{\varepsilon_j} = 0$ 的 LM 检验

基于干扰在个体截面项上的异常值模型，似然函数为：

$$L(y \mid x; \beta, \sigma_{\varepsilon}^2, \sigma_{\alpha}^2, \theta_{\varepsilon_j}) = c - \frac{1}{2}\ln|\Omega| - \frac{1}{2}u'\Omega^{-1}u$$

其中，$\Omega = \sigma_\alpha^2 (I_N \otimes J_T) + \sigma_\varepsilon^2 (I_{NT} - \sum_{i \in J} (1 - f_\varepsilon(\theta_{\varepsilon_j})) D_j)$

异常值检验问题可归结为如下检验问题 $H_0 : \Omega_\varepsilon = \sigma_\varepsilon^2 I_{NT} \sim H_1 : \Omega_\varepsilon \neq \sigma_\varepsilon^2 I_{NT}$，等价于 $H_0 : \theta_{\varepsilon_j} = 0 \sim H_1 : \theta_{\varepsilon_j} \neq 0, j \in J$。令 $\rho^1 = (\sigma_\varepsilon^2, \sigma_\alpha^2, \theta_{\varepsilon_{j_1}}, \cdots, \theta_{\varepsilon_{j_k}})'$，在零假设 H_0，方差协方差矩阵的逆矩阵是：

$$\Omega^{-1}|_{H_0} = \sigma_\varepsilon^{-2} I_{NT} - \sigma_\alpha^2 \sigma_\varepsilon^{-2} (T\sigma_\alpha^2 + \sigma_\varepsilon^2)^{-1} diag[J_T, \cdots, J_T]$$

定理 6.3　假设 $\tilde{\sigma}_\varepsilon^2, \tilde{\sigma}_\alpha^2$ 表示 $\sigma_\varepsilon^2, \sigma_\alpha^2$ 的 MLE，异常值干扰剩余扰动项 ε_{it} 且 $\varepsilon_{it} \sim N(0, \sigma_{\varepsilon_{it}}^2)$，则 LM 统计量为（详细推导过程见附录 6.3）：

$$LM = \tilde{D}'_\rho \tilde{\psi}_\rho^{-1} \tilde{D}_\rho = \frac{2}{T(1 - 2\lambda + T\lambda^2)} \left(\sum_{r=1}^{k} v_r^2 + \frac{1}{N-k} \sum_{r,s=1}^{k} v_r v_s \right) \quad (6.24)$$

其中，$\lambda = \tilde{\sigma}_\alpha^2 (T\tilde{\sigma}_\alpha^2 + \sigma_\varepsilon^2)^{-1}$，$v_r = -\frac{T}{2}(1 - \lambda) + \frac{1}{2}\tilde{\sigma}_\varepsilon^{-2} \sum_{s=1}^{T} \tilde{u}_{j_rs}^2 +$

$$\left(-\tilde{\sigma}_\varepsilon^{-2} \lambda + \frac{\tilde{\sigma}_\varepsilon^{-2} T\lambda^2}{2} \right) \left(\sum_{s,t=1}^{T} \tilde{u}_{j_rs} \tilde{u}_{j_rt} \right)$$。

在原假设 H_0 下，该统计量渐进服从 $2k$ 个自由度的 χ^2 分布。

推论 6.3.1　假设 $k > 1$ 且 $\sigma_\alpha^2 = 0$，则面板数据固定效应模型的 LM 统计量为：

$$LM = \tilde{D}'_\rho \tilde{\psi}_\rho^{-1} \tilde{D}_\rho = \frac{2}{T} \left(\sum_{r=1}^{k} \tau_r^2 + \frac{1}{N-k} \sum_{r,s=1}^{k} \tau_r \tau_s \right) \quad (6.25)$$

其中，$\tau_r = -\frac{T}{2} + \frac{1}{2}\tilde{\sigma}_\varepsilon^{-2} \sum_{s=1}^{T} \tilde{u}_{j_rs}^2$。在原假设 H_0 下，该统计量渐进服从 k 个自由度的 χ^2 分布。

推论 6.3.2　假设 $k > 1$ 且 $\sigma_\alpha^2 = 0$，则面板数据随机效应模型第 r 个个体异常值的 LM 统计量为：

$$LM = \tilde{D}'_\rho \tilde{\psi}_\rho^{-1} \tilde{D}_\rho = \frac{2N v_r^2}{T(1 - 2\lambda + T\lambda^2)(N-1)} \quad (6.26)$$

其中，$v_r = -\frac{T}{2}(1 - \lambda) + \frac{1}{2}\tilde{\sigma}_\varepsilon^{-2} \sum_{s=1}^{T} \tilde{u}_{rs}^2 + \left(-\tilde{\sigma}_\varepsilon^{-2} \lambda + \frac{\tilde{\sigma}_\varepsilon^{-2} T\lambda^2}{2} \right) \left(\sum_{s,t=1}^{T} \tilde{u}_{rs} \tilde{u}_{rt} \right)$。

在原假设 H_0 下，该统计量渐进服从一个自由度的 χ^2 分布。

推论 6.3.3　假设 $k = 1$ 且 $\sigma_\alpha^2 = 0$，则面板数据固定效应模型第 r 个个体异常值的 LM 统计量为：

$$LM = \tilde{D}'_\rho \tilde{\psi}_\rho^{-1} \tilde{D}_\rho = \frac{2N \tau_r^2}{T(N-1)} \quad (6.27)$$

其中，$\tau_r = -\dfrac{T}{2} + \dfrac{1}{2}\tilde{\sigma}_\varepsilon^{-2}\sum\limits_{s=1}^{T}\tilde{u}_{rs}^2$。在原假设 H_0 下，该统计量渐进服从一个自由度的 χ^2 分布。

第三节　贸易与环境的实例应用

在经济建模中，经常会遇到样本中的异常数据。这些异常数据可以带给我们有价值的信息，比如，某些重大的发现常常是在测量结果超越随误差分散程度的情况下得到的。此外，异常值可以帮助我们得到模型修正与优化的方法。近几年来，在经济建模中，异常值的影响评价与检验诊断问题越来越重要（赵进文，2010）。下面将通过贸易对环境影响的面板数据实例，运用面板时点或个体的异常值模型及其诊断统计量，有效地识别异常值点或点群，建立稳健的统计与经济计量学模型，分析贸易行为对环境的效应偏移现象。

一　时点异常值检验

（一）外包与环境的案例说明

中国开放进程中产生的碳排放、能源问题受到国内外学术界的关注。第五章通过构建中国（进口）非竞争型投入产出表，运用面板模型，综合检验了1991—2010年中国分行业消费品出口、资本品出口、承接基本材料外包、承接加工品外包、承接零配件外包等主要出口贸易行为和实践与碳排放的动态关联性。经验数据显示，承接基本材料外包、承接加工品外包、资本品出口和消费品出口等行为被验证为中国开放经济中诱发能源消耗和碳排放快速增长的最主要拉动力量。基于第五章的研究基础，首先考虑以下面板模型：

$$\ln co_{2i,t} = \beta_0 + \beta_1\ln CBB_{i,t} + \beta_2\ln CBP_{i,t} + \beta_3\ln COG_{i,t} + +\beta_4\ln CAG_{i,t} + \varepsilon_{i,t}$$

其中，被解释变量 $co_{2i,t}$ 为行业 i 在 t 时期的碳排放指标；解释变量 $CBB_{i,t}$ 为行业 i 在 t 时期的承接基本材料指标；$CBP_{i,t}$ 为行业 i 在 t 时期的承接加工品指标；$COG_{i,t}$ 为行业 i 在 t 时期的消费品出口指标；$CAG_{i,t}$ 为行业 i 在 t 时期的资本品出口指标；$\varepsilon_{i,t}$ 为误差项。

样本数据为1991—2010年中国制造业12行业数据，计算碳排放指标所用的原始数据来自《中国能源统计年鉴》和《中国工业经济统计年

鉴》，承接基本材料、承接加工品、资本品出口和消费品出口指标的原始
数据来自日本 RIETI – TID 数据库。

（二）时点异常值诊断

图 6.1 显示了 1991—2010 年中国分行业贸易行为影响环境的残差
分布图。尽管通过残差图可以初步观测到异常值的存在，但是观察残差
图诊断异常值方法的标准较为模糊，会遇到模型残差图很难判断的情
形，因此，单纯采用残差图的方式判定模型的异常值是不够严谨的。为
了更好地诊断面板时点异常值，需要使用前面提出的面板时点上的 LM
检验法。

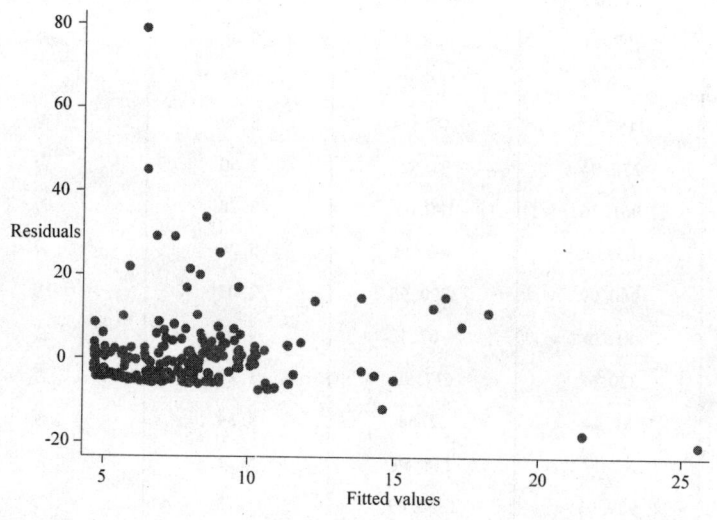

图 6.1 1991—2010 年中国贸易行为影响环境的残差分布图

对于那些非确定的异常值，也就是说，事先无法确定哪些数据是离群
点，这时候需要使用无标识的检验异常值方法。该检验统计量设定为
$LM_{max} = LM_t$，并利用邦弗朗尼不等式近似计算方程，于是，当置信水平
为 α 时，无标识的异常值检验过程为：如果 $LM_{max} \geq \chi^2_{\alpha/T}(1)$（$T$ 是时点个
数），那么被估计的数据就是异常值。

对于本节实例，首先设定置信水平 $\alpha = 0.05$，那么对于无法事先确
定的异常值，无标识的异常值检验的临界值 $\chi^2_{0.05/20}(1) = 9.14$。如表 6.1
所示，2009 年和 2010 年 LM 统计量分别是 3283.74 和 24.03，均大于临界

值 9.14，因此，这两个时点的数据被检测为异常值。统计量明显大于临界值，表明这一区段贸易异常现象非常显著。可以提供佐证的是，2009—2010 年正是 2008 年美国爆发金融危机之后，中国贸易条件急速恶化、发生异常波动的一个区段（王小梅等，2014）。

表 6.1　1991—2010 年中国贸易行为影响环境的时点异常值诊断数据

年份	$\sum\limits_{i=1}^{N} \tilde{u}_{is}^2$	$\sum\limits_{i=1}^{N} \left(\tilde{u}_{is} \cdot \sum\limits_{t=1}^{T} \tilde{u}_{it} \right)$	LM-value	异常值（是或者否）
1991	938.64	100.62	3.45	否
1992	844.55	-37.55	2.12	否
1993	707.51	-58.18	0.68	否
1994	926.78	726.32	2.75	否
1995	1157.12	48.45	8.29	否
1996	270.94	92.52	1.50	否
1997	961.36	180.05	3.78	否
1998	1051.69	469.28	5.26	否
1999	980.99	2790.95	2.05	否
2000	91.79	-67.12	4.06	否
2001	320.68	617.99	1.24	否
2002	81.44	22.64	4.34	否
2003	43.17	118.84	5.21	否
2004	909.93	1880.49	1.73	否
2005	400.40	-19.18	0.36	否
2006	243.05	29.58	1.79	否
2007	428.81	-57.91	0.21	否
2008	328.87	-13.04	0.87	否
2009	13377.08	8754.05	3283.74	是
2010	1580.34	-249.20	24.03	是

（三）模型修正与优化

下面根据面板模型时点异常值检验的结果提出修正的模型，在建立修正模型后，通过对比修正模型与原模型的性质优劣来验证异常值检验结果的有效性。

表 6.2 比较了原模型和修正模型 1 和 2 的系数回归结果。根据表 6.1 的结果，2009 年和 2010 年的数据被检测为异常值，尤其是 2009 年的数据存在较高程度的异常，修正后的模型 1 剔除了 2009 年和 2010 年两个时点的数据，于是修正后的模型 1 显示了中国 1991—2008 年 12 个行业面板数据的回归结果。再根据表 6.1 的结果，这里允许两个时点的异常值反映在修正后的模型 2 里：

$$\ln co_{2\,i,t} = \beta_0 + \beta_1 \ln CBB_{i,t} + \beta_2 \ln CBP_{i,t} + \beta_3 \ln COG_{i,t} + + \beta_4 \ln CAG_{i,t} + \varepsilon_{i,t}$$

$$\varepsilon_{it} \sim N(0, \sigma_\varepsilon^2), t \neq 2009, 2010$$

$$\varepsilon_{i2009} \sim N(0, \sigma_\varepsilon^2/\kappa_1), \varepsilon_{i2010} \sim N(0, \sigma_\varepsilon^2/\kappa_2)$$

表 6.2　　　　　　　　　时点原模型和修正模型的回归结果比较

模型	基本模型			修正模型 1			修正模型 2		
	系数	标准差	$P > \lvert t \rvert$	系数	标准差	$P > \lvert t \rvert$	系数	标准差	$P > \lvert t \rvert$
β_1	53.57	21.04	0.01	49.53	22.49	0.03	112.71	11.28	0.00
β_2	-32.08	17.14	0.06	-46.55	17.94	0.01	40.72	4.68	0.00
β_3	8.78	3.07	0.01	9.72	3.49	0.01	-7.00	0.73	0.00
β_4	-25.30	7.83	0.00	-29.79	8.06	0.00	11.57	1.46	0.00

在考虑到异常值存在的情况下，将修正模型与原模型的回归结果相比较，估计量的值发生了变化。虽然，原模型估计的 p 值能够显示所有贸易行为变量均通过了统计显著性水平检验，但是承接加工品外包指标系数 p 值为 0.06。修正后模型 1 的承接加工品指标系数 p 值虽降为 0.01，但是承接原材料外包指标系数 p 值从原模型的 0.01 升为 0.03。修正后模型 2 的所有贸易行为变量系数的 p 值均为 0.00。因此，表 6.2 的原模型与修正模型的回归结果数据显示，修正后模型 2 的估计量的 p 值和标准偏差指标均比原模型和修正后模型 1 的结果有了明显改善，这说明，异常值的存在确实影响了估计值的准确度，修正使得模型的回归估计更加精确。

为了进一步评价修正模型的估计结果，应用 LLC 的 t 统计量、IPS 的 w 统计量、Fisher-ADF Chi-square 统计量和 Fisher-PP Chi-square 统计量，检验修正模型的残差是否平稳。表 6.3 给出了修正模型面板残差检验的诊断结果。结果显示，修正模型的面板残差在 1% 的显著性水平下具有平稳性，说明修正模型回归结果优于原模型，具有稳健性。

表 6.3 　　　　　　　　　　　　　修正模型稳健性检验结果

检验方法	LLC	IPS	Fisher－ADF	Fisher－ADF
修正模型 1	－5.11 (0.00)	－3.84 (0.00)	10.35 (0.00)	15.35 (0.00)
修正模型 2	－4.71 (0.00)	－4.44 (0.00)	10.43 (0.00)	17.26 (0.00)

注：括号内为估计量的伴随概率；LLC 检验为 common unit root 检验，IPS、Fisher-ADF、Fisher-PP 检验为 individual unit root 检验；LLC、IPS、Fisher-ADF、Fisher-PP 零假设为存在单位根。

　　因此，应用实例可以说明，使用前面构建的 LM 统计量可以有效识别面板数据时点上的异常情况，能够避免屏蔽效应，稳健性较强，体现出良好的检测功效。

二　个体异常值检验

（一）贸易行为与环境的案例说明

　　这一部分将应用"干扰在个体截面项上的异常值模型"提出的方法去检验一个具体实例，解释提出方法的优点。

　　为了评估所提出方法的性能和优点，一个样本被用来作为检测用的数据集。这一数据集在第三章曾被用来探求主要区域贸易变量对环境的影响，该数据集由中国 30 个省份 1992—2010 年 19 年间的 570 个观测数据所组成。

　　首先考虑以下基本模型：

$$\ln co_{2\,i,t} = \alpha_i + \beta_1 \ln EX_{i,t} + \beta_2 \ln IM_{i,t} + \beta_3 \ln GP_{i,t} + \varepsilon_{i,t}$$

　　在上面模型里，以区域碳排放（co_2）作为因变量，地区出口额（EX）和进口额（IM）作为主要的贸易解释变量，地区生产总值（GP）作为反映地区发展水平的主要控制变量。变量的原数据主要来自中国国家统计局，其中，解释变量碳排放主要按照 Lin & Sun（2010）推荐的方法计算，化石燃料的消耗和各种类型能源内涵的二氧化碳排放因子数据来自于政府间气候变化专门委员会（$IPCC$）。

（二）个体异常值诊断

　　尽管从图 6.2 残差分布里可以初步观测到异常值的存在，但是仅通过残差图观察异常值的方法不够严谨，而且观测标准较为模糊。因此，下面将使用前面提出的面板数据个体观测值的 LM 检验法来精确观测和诊断面板的个体异常值。

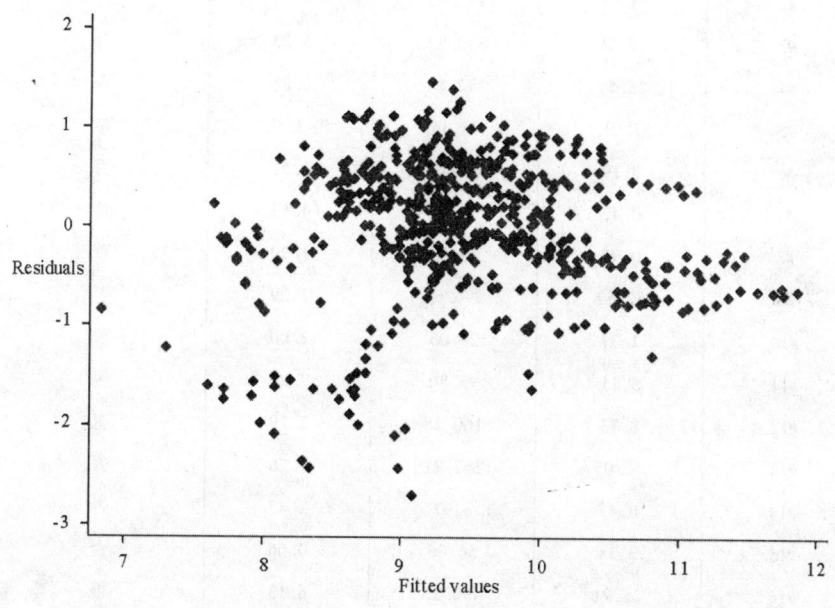

图 6.2　1992—2010 年中国贸易行为影响环境的残差分布图

这里继续使用无标识的检验异常值方法来确定哪些数据是离群点。该检验统计量被设定为 $LM_{max} = LM_i$，并利用邦弗朗尼不等式近似计算方程，于是，当置信水平为 α 时，无标识的异常值检验过程为：如果 $LM_{max} \geqslant \chi^2_{\alpha/n}(1)$（$n$ 是样本个体数），那么被估计的数据就是异常值。

首先设定置信水平 $\alpha = 0.05$，那么对于无法事先确定的异常值，无标识的异常值检验的临界值 $\chi^2_{0.05/30}(1) = 9.88$。如表 6.4 所示，地区 5、19、21 和 29 的 LM 统计量分别是 42.88、10.90、275.30 和 10.25，均大于临界值 9.88，因此，相对于其他地区，这四个地区的数据被检测为异常值，尤其地区 5 和地区 21 的统计量远远超过临界值，表明这两个区域的贸易异常现象非常显著。

表 6.4   1992—2010 年中国贸易行为影响环境的个体异常值诊断数据

个体	$\sum\limits_{s=1}^{T}\tilde{u}_{rs}^{2}$	$\sum\limits_{s,t=1}^{T}\tilde{u}_{rs}\tilde{u}_{rt}$	LM – value	是否异常值
#1	56.22	1052.80	1.38	否
#2	41.05	772.05	0.74	否
#3	17.56	330.87	5.23	否
#4	25.51	472.84	0.05	否
#5	7.01	98.36	42.88	是
#6	0.10	0.00	6.51	否
#7	0.42	4.76	4.57	否
#8	0.94	10.85	1.29	否
#9	52.52	996.65	7.29	否
#10	1.37	20.05	2.00	否
#11	5.11	95.80	7.22	否
#12	8.73	160.28	2.29	否
#13	16.05	282.91	9.26	否
#14	0.49	3.97	2.47	否
#15	3.38	56.06	0.66	否
#16	25.91	490.25	6.13	否
#17	8.19	153.57	6.16	否
#18	8.93	163.99	2.23	否
#19	8.92	146.43	10.90	是
#20	1.47	17.22	0.01	否
#21	68.49	1230.12	275.30	是
#22	31.74	599.70	4.51	否
#23	32.49	609.28	0.69	否
#24	3.79	63.53	0.51	否
#25	34.95	648.53	1.55	否
#26	2.73	48.91	4.93	否
#27	10.66	196.21	1.69	否
#28	1.82	23.83	0.01	否
#29	2.60	26.70	10.25	是
#30	0.34	2.12	3.42	否

在进行数据分析时，有可能发生单变量不满足变量间结构和相关性的特征。使用 LM 检验方法可以有效识别破坏这种关系的显著异常值，而传统测试方法就不能处理这种关系了。异常值可以提供有价值的信息，举例来说，经常可以在观测值偏离下发现一个随机误差分散水平。此外，异常值可以帮助我们获得模型修正和优化的方法。

（三）模型修正与优化

下面根据前面面板模型个体异常值检验的结果提出修正模型，在建立修正模型后，通过对比修正模型与原模型的优劣来验证异常值检验结果的有效性。

这里设计了两个修正模型方案。首先，根据表 6.4 的结果，个体数据 #5，#19，#21 和 #29 被检测为异常值，于是，修正后的模型 1 剔除了上述个体数据，其数据样本为 494 组数据，回归结果显示在表 6.5 中。

另一个修正方案是：允许上述异常值反映在下面的修正模型 2 中：

$$\ln co_{2i,t} = \alpha_i + \beta_1 \ln EX_{i,t} + \beta_2 \ln IM_{i,t} + \beta_3 \ln GP_{i,t} + \varepsilon_{i,t}$$

$$\varepsilon_{it} \sim N(0, \sigma_\varepsilon^2), i \neq 5, 19, 21, 29$$

$$\varepsilon_{5t} \sim N(0, \sigma_\varepsilon^2/\kappa_1), \varepsilon_{19t} \sim N(0, \sigma_\varepsilon^2/\kappa_2)$$

$$\varepsilon_{21t} \sim N(0, \sigma_\varepsilon^2/\kappa_3), \varepsilon_{29t} \sim N(0, \sigma_\varepsilon^2/\kappa_4)$$

表 6.5   个体原模型和修正模型的回归结果比较

模型	β_1			β_2			β_3		
	系数	标准差	$P>\|t\|$	系数	标准差	$P>\|t\|$	系数	标准差	$P>\|t\|$
基本模型	0.50	0.05	0.00	0.03	0.05	0.58	−0.67	0.09	0.00
修正模型 1	0.46	0.05	0.00	0.08	0.05	0.09	−0.70	0.08	0.00
修正模型 2	0.48	0.03	0.00	0.05	0.03	0.05	−0.73	0.05	0.00

在考虑到异常值存在的情况下，将修正模型与原模型的回归结果相比较，会发现估计值发生了变化。原模型进口变量估计的 P 值没有通过统计显著性检验，而修正模型 1 进口变量的 P 值通过了 10% 统计显著性检验，修正模型 2 则通过了 5% 统计显著性水平检验。其他变量均通过了统计显著性水平检验。因此，如果从进口变量的估计结果来看，表 6.5 的原模型与修正模型的回归结果数据能够证明，修正后模型 2 的估计量的 P 值

和标准偏差指标均比原模型和修正后模型 1 的结果有了明显改善,这说明,异常值的存在确实影响了估计值的准确度,修正使得模型的回归估计更加精确。

为了检验修正模型回归结果的稳健性,这里继续应用 LLC 的 t 统计量、IPS 的 w 统计量、Fisher-ADF Chi-square 统计量和 Fisher-PP Chi-square 统计量,检验修正模型的残差是否平稳。表 6.6 给出了修正模型面板残差检验的诊断结果。结果显示,修正模型的面板残差在 1% 的显著性水平下具有平稳性,说明修正模型回归结果优于原模型,具有稳健性。

表 6.6　　　　　　　　　　　个体修正模型的稳健性检验结果

模型		LLC	HT	IPS	Fisher − ADF
修正模型 1	Statistic	− 8.7425	− 6.3660	− 5.8678	− 9.8327
	p − value	0.0000	0.0000	0.0000	0.0000
修正模型 2	Statistic	− 8.8354	− 5.3912	− 6.6452	− 9.2965
	p − value	0.0000	0.0000	0.0000	0.0000

注:LLC 检验为 common unit root 检验,IPS、Fisher-ADF 检验为 individual unit root 检验;LLC、IPS、Fisher-ADF、Fisher-PP 零假设为存在单位根。

因此,个体的应用实例再次说明,使用前面构建的 LM 统计量还能有效识别面板数据个体上的异常情况,能够避免屏蔽效应,稳健性较强,体现出良好的检测功效。

第四节　小结

在异常值已有研究的基础上,本章首先基于面板数据模型,构建了基于剩余扰动项的方差干扰效应模型,该模型反映了面板数据在时间 t 和个体 i 上的异常情况。其次,引入拉格朗日乘数法,探测面板数据时间或个体上的异常值点或点群,给出异常值诊断的检验统计量。最后,通过两个经济贸易行为的时间(年份)和个体(省份)面板数据实例,使用第二节提出的面板时点或个体上的 LM 检验法,识别并诊断出异常值点群,并根据面板模型时点或个体异常值检验的结果提出修正模型,通过对比修正模型与原模型的性质优劣,验证出本章构建的 LM 统计量可以有效识别面板数据实例的时点或个体异常点群，稳健性较强，体现出良好的检测功效。这一结果不仅对于分析 2009—2010 年贸易行为对环境的效应偏移现象具有借鉴价值，而且也有助于发现个别省份的异常经济现象。

附录一

通过下式获得 L 的海森矩阵：

$$H = \begin{bmatrix} \dfrac{\partial^2}{\partial\beta\partial\beta'} & \dfrac{\partial^2}{\partial\beta\partial\rho'} \\[3mm] \dfrac{\partial^2}{\partial\rho\partial\beta'} & \dfrac{\partial^2}{\partial\rho\partial\rho'} \end{bmatrix}$$

基于 Magnus（1978），Lejeune（1996）和 Baltagi（2005）的研究，信息矩阵为 $\psi = -E_0[H\,|\,x;\beta,\rho]$，它表示关于真实分布的期望值。为计算信息矩阵，注意到 $\dfrac{\partial^2}{\partial\beta\partial\beta'} = x'\Omega^{-1}x$，似然函数关于 β 的一阶导数，在受约束下的 MLE 是零，则 $\mathrm{cov}\left(\dfrac{\partial L}{\partial\beta}, \dfrac{\partial L}{\partial\rho}\right) = 0$。

于是，在原假设下的信息矩阵为：

$$\psi = -E_0[H\,|\,x;\beta,\rho] = \begin{bmatrix} \partial^2/\partial\beta\partial\beta' & 0 \\ 0 & \partial^2/\partial\rho\partial\rho' \end{bmatrix}$$

信息矩阵是关于 β 和 ρ 的对角矩阵，因为原假设只含有 ρ，在计算 LM 统计量时，信息矩阵关于 β 的部分可忽视。因此，LM 检验统计量为：

$$LM = \tilde{D}'_\rho \tilde{\psi}^{-1}_\rho \tilde{D}_\rho$$

这里 $\tilde{D}_\rho = \partial L/\partial\rho(\tilde{\rho})$ 是似然函数关于在受约束条件下 ρ 的 MLE 每个元素的偏导数向量。$\tilde{\psi}_\rho = E[-\partial^2 L/\partial\rho\partial\rho'](\tilde{\rho})$ 表示在受约束条件下 ρ 的 MLE 信息矩阵。在原假设下，这个统计量渐进服从 k_ρ 个自由度的 χ^2 分布。k_ρ 是向量 ρ 的参数个数。

在 H_0 下，得到下列表达式：

$$\left.\frac{\partial\Omega}{\partial\sigma^2_\varepsilon}\right|_{H_0} = I_{NT}$$

$$\left.\frac{\partial\Omega}{\partial\sigma^2_\alpha}\right|_{H_0} = I_N \otimes J_T$$

$$\frac{\partial \Omega}{\partial \theta_{\varepsilon_s}}\Big|_{H_0} = \tilde{\sigma}_\alpha^2 f'_\varepsilon(0)(I_N \otimes G_s)$$

$$\frac{\partial L}{\partial \theta_{\varepsilon_s}}\Big|_{H_0} = -\frac{1}{2}tr[(\tilde{\sigma}_\varepsilon^{-2}I_{NT} - \tilde{\sigma}_\alpha^2\tilde{\sigma}_\varepsilon^{-2}(T\tilde{\sigma}_\alpha^2 + \tilde{\sigma}_\varepsilon^2)^{-1}(I_N \otimes J_T))\tilde{\sigma}_\alpha^2 f'_\varepsilon(0)$$

$$(I_N \otimes G_s)]$$

$$+ \frac{1}{2}\tilde{u}(\tilde{\sigma}_\varepsilon^{-2}I_{NT} - \tilde{\sigma}_\alpha^2\tilde{\sigma}_\varepsilon^{-2}(T\tilde{\sigma}_\alpha^2 + \tilde{\sigma}_\varepsilon^2)^{-1}(I_N \otimes J_T))\tilde{\sigma}_\alpha^2 f'_\varepsilon(0)(I_N \otimes G_s)\tilde{u}$$

$$= -\frac{N}{2}f'_\varepsilon(0) + \frac{N}{2}\tilde{\sigma}_\alpha^2(T\tilde{\sigma}_\alpha^2 + \tilde{\sigma}_\varepsilon^2)^{-1}f'_\varepsilon(0) + \frac{1}{2}\tilde{u}'\{\tilde{\sigma}_\varepsilon^{-2}f'_\varepsilon(0)(I_N \otimes G_s)$$

$$- 2\tilde{\sigma}_\alpha^2\tilde{\sigma}_\varepsilon^{-2}f'_\varepsilon(0)(T\tilde{\sigma}_\alpha^2 + \tilde{\sigma}_\varepsilon^2)^{-1}(I_N \otimes J_T)(I_N \otimes G_s)$$

$$+ T\tilde{\sigma}_\alpha^4\tilde{\sigma}_\varepsilon^{-2}(T\tilde{\sigma}_\alpha^2 + \tilde{\sigma}_\varepsilon^2)^{-2}f'_\varepsilon(0)(I_N \otimes J_T)(I_N \otimes G_s)\}u$$

$$= -\frac{N}{2}f'_\varepsilon(0) + \frac{N}{2}\tilde{\sigma}_\alpha^2(T\tilde{\sigma}_\alpha^2 + \tilde{\sigma}_\varepsilon^2)^{-1}f'_\varepsilon(0)$$

$$+ \frac{1}{2}\tilde{\sigma}_\varepsilon^{-2}f'_\varepsilon(0)\sum_{i=1}^N \tilde{u}_{is}^2 - \tilde{\sigma}_\alpha^2\tilde{\sigma}_\varepsilon^{-2}f'_\varepsilon(0)(T\tilde{\sigma}_\alpha^2 + \tilde{\sigma}_\varepsilon^2)^{-1}\sum_{i=1}^N (\tilde{u}_{is} \cdot \sum_{t=1}^T \tilde{u}_{it})$$

$$+ \frac{T}{2}\tilde{\sigma}_\alpha^4\tilde{\sigma}_\varepsilon^{-2}(T\tilde{\sigma}_\alpha^2 + \tilde{\sigma}_\varepsilon^2)^{-2}f'_\varepsilon(0)\sum_{i=1}^N (\tilde{u}_{is} \cdot \sum_{t=1}^T \tilde{u}_{it})$$

信息矩阵的各元素为：

$$\psi_{11} = E[-\partial^2 L/\partial(\sigma_\varepsilon^2)^2]$$

$$= \frac{1}{2}tr[(\tilde{\sigma}_\varepsilon^{-2}I_{NT} - \tilde{\sigma}_\alpha^2\tilde{\sigma}_\varepsilon^{-2}(T\tilde{\sigma}_\alpha^2 + \tilde{\sigma}_\varepsilon^2)^{-1}(I_N \otimes J_T))^2]$$

$$= \frac{NT\tilde{\sigma}_\varepsilon^{-4}}{2}[1 - 2\tilde{\sigma}_\alpha^2(T\tilde{\sigma}_\alpha^2 + \tilde{\sigma}_\varepsilon^2)^{-1} + T\tilde{\sigma}_\alpha^4(T\tilde{\sigma}_\alpha^2 + \tilde{\sigma}_\varepsilon^2)^{-2}]$$

$$\tilde{\psi}_{22} = E[-\partial^2 L/\partial(\sigma_\alpha^2)^2]$$

$$= \frac{1}{2}tr[(\tilde{\sigma}_\varepsilon^{-2}I_{NT} - \tilde{\sigma}_\alpha^2\tilde{\sigma}_\varepsilon^{-2}(T\tilde{\sigma}_\alpha^2 + \tilde{\sigma}_\varepsilon^2)^{-1}(I_N \otimes J_T))^2(I_N \otimes J_T)^2]$$

$$= \frac{\tilde{\sigma}_\varepsilon^{-4}NT^2}{2}[1 - 2\tilde{\sigma}_\alpha^2 T(T\tilde{\sigma}_\alpha^2 + \tilde{\sigma}_\varepsilon^2)^{-1} + \tilde{\sigma}_\alpha^4 T^2(T\tilde{\sigma}_\alpha^2 + \tilde{\sigma}_\varepsilon^2)^{-2}]$$

$$\tilde{\psi}_{12} = E[-\partial^2 L/\partial(\sigma_\varepsilon^2)\partial(\sigma_\alpha^2)]$$

$$= \frac{1}{2}tr[(\tilde{\sigma}_\varepsilon^{-2}I_{NT} - \tilde{\sigma}_\alpha^2\tilde{\sigma}_\varepsilon^{-2}(T\tilde{\sigma}_\alpha^2 + \tilde{\sigma}_\varepsilon^2)^{-1}(I_N \otimes J_T))^2(I_N \otimes J_T)]$$

$$= \frac{\tilde{\sigma}_\varepsilon^{-4}NT}{2}[1 - 2T\tilde{\sigma}_\alpha^2(T\tilde{\sigma}_\alpha^2 + \tilde{\sigma}_\varepsilon^2)^{-1} + \tilde{\sigma}_\alpha^4 T^2(T\tilde{\sigma}_\alpha^2 + \tilde{\sigma}_\varepsilon^2)^{-2}] = \tilde{\psi}_{21}$$

$$\tilde{\psi}_{1s} = E[-\partial^2 L/\partial(\sigma_\varepsilon^2)\partial(\theta_{\varepsilon_s})]$$

$$= \frac{1}{2} tr \big[\, (\tilde{\sigma}_\varepsilon^{-2} I_{NT} - \tilde{\sigma}_\alpha^2 \tilde{\sigma}_\varepsilon^{-2} \, (T\tilde{\sigma}_\alpha^2 + \tilde{\sigma}_\varepsilon^2)^{-1} (I_N \otimes J_T))^2 \tilde{\sigma}_a^2 f'_\varepsilon(0)$$

$$(I_N \otimes G_s) \, \big]$$

$$= \frac{N \tilde{\sigma}_\varepsilon^{-2} f'_\varepsilon(0)}{2} \big[1 - 2 \tilde{\sigma}_\alpha^2 (T\tilde{\sigma}_\alpha^2 + \tilde{\sigma}_\varepsilon^2)^{-1} + \tilde{\sigma}_\alpha^4 T (T\tilde{\sigma}_\alpha^2 + \tilde{\sigma}_\varepsilon^2)^{-2} \big] = \tilde{\psi}_{s1}$$

$$\tilde{\psi}_{2s} = E \big[- \partial^2 L / \partial(\sigma_\alpha^2) \partial(\theta_{\varepsilon_s}) \big]$$

$$= \frac{1}{2} tr \big[\, (\tilde{\sigma}_\varepsilon^{-2} I_{NT} - \tilde{\sigma}_\alpha^2 \tilde{\sigma}_\varepsilon^{-2} \, (T\tilde{\sigma}_\alpha^2 + \tilde{\sigma}_\varepsilon^2)^{-1} (I_N \otimes J_T))^2$$

$$(I_N \otimes J_T) \tilde{\sigma}_a^2 f'_\varepsilon(0) (I_N \otimes G_s) \, \big]$$

$$= \frac{1}{2} tr \big[\, (\tilde{\sigma}_\varepsilon^{-4} (I_N \otimes J_T) - 2 \tilde{\sigma}_\alpha^2 \tilde{\sigma}_\varepsilon^{-4} \, (T\tilde{\sigma}_\alpha^2 + \tilde{\sigma}_\varepsilon^2)^{-1} \, (I_N \otimes J_T)^2$$

$$+ \tilde{\sigma}_\alpha^4 \tilde{\sigma}_\varepsilon^{-4} \, (T\tilde{\sigma}_\alpha^2 + \tilde{\sigma}_\varepsilon^2)^{-2} \, (I_N \otimes J_T)^3) \tilde{\sigma}_a^2 f'_\varepsilon(0) (I_N \otimes G_s) \, \big]$$

$$= \frac{N \tilde{\sigma}_\varepsilon^{-2} f'_\varepsilon(0)}{2} \big[1 - 2T\tilde{\sigma}_\alpha^2 (T\tilde{\sigma}_\alpha^2 + \tilde{\sigma}_\varepsilon^2)^{-1} + T^2 \tilde{\sigma}_\alpha^4 (T\tilde{\sigma}_\alpha^2 + \tilde{\sigma}_\varepsilon^2)^{-2} \big] = \tilde{\psi}_{s2}$$

$$\tilde{\psi}_{s_r s_r} = E \big[- \partial^2 L / \partial(\theta_{\varepsilon_{s_r}})^2 \big]$$

$$= \frac{1}{2} tr \big[\, (\tilde{\sigma}_\varepsilon^{-2} I_{NT} - \tilde{\sigma}_\alpha^2 \tilde{\sigma}_\varepsilon^{-2} \, (T\tilde{\sigma}_\alpha^2 + \tilde{\sigma}_\varepsilon^2)^{-1} (I_N \otimes J_T))^2$$

$$(\tilde{\sigma}_a^2 f'_\varepsilon(0) (I_N \otimes G_{s_r}))^2 \, \big]$$

$$= \frac{1}{2} tr \big[\, (f'_\varepsilon(0))^2 \, (I_N \otimes G_{s_r})^2 - 2\tilde{\sigma}_\alpha^2 \, (f'_\varepsilon(0))^2 \, (T\tilde{\sigma}_\alpha^2 + \tilde{\sigma}_\varepsilon^2)^{-1}$$

$$(I_N \otimes J_T) \, (I_N \otimes G_{s_r})^2 + \tilde{\sigma}_\alpha^4 \, (f'_\varepsilon(0))^2 \, (T\tilde{\sigma}_\alpha^2 + \tilde{\sigma}_\varepsilon^2)^{-2}$$

$$(I_N \otimes J_T)^2 \, (I_N \otimes G_{s_r})^2 \, \big]$$

$$= \frac{N (f'_\varepsilon(0))^2}{2} \big[1 - 2 \tilde{\sigma}_\alpha^2 (T\tilde{\sigma}_\alpha^2 + \tilde{\sigma}_\varepsilon^2)^{-1} + T\tilde{\sigma}_\alpha^4 (T\tilde{\sigma}_\alpha^2 + \tilde{\sigma}_\varepsilon^2)^{-2} \big]$$

$$\tilde{\psi}_{s_p s_q} = E \big[- \partial^2 L / \partial(\theta_{\varepsilon_{s_p}}) \partial(\theta_{\varepsilon_{s_q}}) \big]$$

$$= \frac{1}{2} tr \big[\, (\tilde{\sigma}_\varepsilon^{-2} I_{NT} - \tilde{\sigma}_\alpha^2 \tilde{\sigma}_\varepsilon^{-2} \, (T\tilde{\sigma}_\alpha^2 + \tilde{\sigma}_\varepsilon^2)^{-1} (I_N \otimes J_T))^2 \, (\tilde{\sigma}_a^2 f'_\varepsilon(0))^2$$

$$(I_N \otimes G_{s_p}) (I_N \otimes G_{s_q}) \, \big] = 0 (p \neq q) = \tilde{\psi}_{s_q s_p}$$

H_0 下关于 ρ 的导数向量为：$\tilde{D}_\rho = \begin{pmatrix} 0 \\ 0 \\ \partial L / \partial \theta_{\varepsilon_{s_1}} \\ \vdots \\ \partial L / \partial \theta_{\varepsilon_{s_p}} \end{pmatrix}$

原假设 H_0 下信息矩阵为：

$$\bar{\psi}_{\rho_1} = \begin{pmatrix} \hat{\psi}_{11} & \hat{\psi}_{12} & \hat{\psi}_{1s_1} & \cdots & \hat{\psi}_{1s_p} \\ \hat{\psi}_{21} & \hat{\psi}_{22} & \hat{\psi}_{2s_1} & \cdots & \hat{\psi}_{2s_p} \\ \hat{\psi}_{s_11} & \hat{\psi}_{s_12} & \hat{\psi}_{s_1s_1} & \cdots & \hat{\psi}_{s_1s_p} \\ \vdots & \vdots & \vdots & \ddots & \vdots \\ \hat{\psi}_{s_p1} & \hat{\psi}_{s_p2} & \hat{\psi}_{s_ps_1} & \cdots & \hat{\psi}_{s_ps_p} \end{pmatrix} = \begin{pmatrix} A_{11} & A_{12} \\ A_{21} & A_{22} \end{pmatrix}$$

令 $\tau = \tilde{\sigma}_\alpha^2 (T\tilde{\sigma}_\alpha^2 + \tilde{\sigma}_\varepsilon^2)^{-1}$，则

$$A_{11} = \begin{pmatrix} \hat{\psi}_{11} & \hat{\psi}_{12} \\ \hat{\psi}_{21} & \hat{\psi}_{22} \end{pmatrix} = \frac{\tilde{\sigma}_\varepsilon^{-4} NT}{2} \begin{pmatrix} 1 - 2\tau + T\tau^2 & (1 - T\tau)^2 \\ (1 - T\tau)^2 & T(1 - T\tau)^2 \end{pmatrix}$$

$$A_{12} = \begin{pmatrix} \hat{\psi}_{1s_1} & \cdots & \hat{\psi}_{1s_p} \\ \hat{\psi}_{2s_1} & \cdots & \hat{\psi}_{2s_p} \end{pmatrix}$$

$$= \frac{\tilde{\sigma}_\varepsilon^{-2} f'_\varepsilon(0) N}{2} \begin{pmatrix} 1 - 2\tau + T\tau^2 & \cdots & 1 - 2\tau + T\tau^2 \\ (1 - T\tau)^2 & \cdots & (1 - T\tau)^2 \end{pmatrix}$$

$$A_{21} = \begin{pmatrix} \hat{\psi}_{s_11} & \hat{\psi}_{s_12} \\ \vdots & \vdots \\ \hat{\psi}_{s_p1} & \hat{\psi}_{s_p2} \end{pmatrix} = \frac{\tilde{\sigma}_\varepsilon^{-2} f'_\varepsilon(0) N}{2} \begin{pmatrix} 1 - 2\tau + T\tau^2 & (1 - T\tau)^2 \\ \vdots & \vdots \\ 1 - 2\tau + T\tau^2 & (1 - T\tau)^2 \end{pmatrix}$$

$$A_{22} = \begin{pmatrix} \hat{\psi}_{s_1s_1} & \cdots & \hat{\psi}_{s_1s_p} \\ \vdots & \ddots & \vdots \\ \hat{\psi}_{s_ps_1} & \cdots & \hat{\psi}_{s_ps_p} \end{pmatrix}$$

$$= \frac{N(f'_\varepsilon(0))^2(1 - 2\tau + T\tau^2)}{2} \begin{pmatrix} 1 & 0 & \cdots & 0 \\ 0 & \ddots & \cdots & 0 \\ \vdots & 0 & \ddots & \vdots \\ 0 & 0 & \cdots & 1 \end{pmatrix}$$

$$A_{11}^{-1} = \frac{2\tilde{\sigma}_\varepsilon^4}{NT(1 - T)} \begin{pmatrix} -T & 1 \\ 1 & \dfrac{-T\tau^2 + 2\tau - 1}{(1 - T\tau)^2} \end{pmatrix}$$

$$A_{21}A_{11}^{-1}A_{12} = \frac{(f'_{\varepsilon}(0))^2 N(1 - 2\tau + T\tau^2)}{2T} \begin{pmatrix} 1 & \cdots & 1 \\ \vdots & \ddots & \vdots \\ 1 & \cdots & 1 \end{pmatrix}$$

$$A_{22} - A_{21}A_{11}^{-1}A_{12}$$

$$= \frac{(f'_{\varepsilon}(0))^2 N(1 - 2\tau + T\tau^2)}{2T} \begin{pmatrix} T-1 & -1 & \cdots & -1 \\ -1 & T-1 & -1 & \vdots \\ \vdots & -1 & \ddots & -1 \\ -1 & \cdots & -1 & T-1 \end{pmatrix}$$

令 $\tilde{\psi}_{\theta_{\varepsilon_s}}^{-1} = (A_{22} - A_{21}A_{11}^{-1}A_{12})^{-1}$, 则

$$\tilde{\psi}_{\theta_{\varepsilon_s}}^{-1} = \frac{2}{(f'_{\varepsilon}(0))^2 N(1 - 2\tau + T\tau^2)} \begin{pmatrix} 1 + \dfrac{1}{T-p} & \dfrac{1}{T-p} & \cdots & \dfrac{1}{T-p} \\ \dfrac{1}{T-p} & \ddots & \dfrac{1}{T-p} & \vdots \\ \vdots & \dfrac{1}{T-p} & \ddots & \dfrac{1}{T-p} \\ \dfrac{1}{T-p} & \cdots & \dfrac{1}{T-p} & 1 + \dfrac{1}{T-p} \end{pmatrix}$$

附录二

令 $\rho = (\sigma_{\varepsilon}^2, \sigma_{\alpha}^2, \theta_{\varepsilon_{i_1 t_1}} \cdots, \theta_{\varepsilon_{i_m t_m}})'$, 在零假设 H_0 下, $\dfrac{\partial \Omega}{\partial \theta_{\varepsilon_{it}}}\big|_{H_0} = \tilde{\sigma}_{\varepsilon}^2 f'_{\varepsilon}(0) M_{it}$ 。

$$\frac{\partial L}{\partial \theta_{\varepsilon_{i_j t_j}}}\big|_{H_0} = -\frac{1}{2} tr[(\tilde{\sigma}_{\varepsilon}^{-2} I_{NT} - \tilde{\sigma}_{\alpha}^2 \tilde{\sigma}_{\varepsilon}^{-2}(T\tilde{\sigma}_{\alpha}^2 + \tilde{\sigma}_{\varepsilon}^2)^{-1}(I_N \otimes J_T))\tilde{\sigma}_{\varepsilon}^2 f'_{\varepsilon}(0) M_{i_j t_j}]$$

$$+ \frac{1}{2}\tilde{u}'(\tilde{\sigma}_{\varepsilon}^{-2} I_{NT} - \tilde{\sigma}_{\alpha}^2 \tilde{\sigma}_{\varepsilon}^{-2}(T\tilde{\sigma}_{\alpha}^2 + \tilde{\sigma}_{\varepsilon}^2)^{-1}(I_N \otimes J_T))\tilde{\sigma}_{\varepsilon}^2 f'_{\varepsilon}(0) M_{i_j t_j})\tilde{u}$$

$$= -\frac{1}{2} f'_{\varepsilon}(0) + \frac{1}{2}\tilde{\sigma}_{\alpha}^2 (T\tilde{\sigma}_{\alpha}^2 + \tilde{\sigma}_{\varepsilon}^2)^{-1} f'_{\varepsilon}(0)$$

$$+ \frac{1}{2}\tilde{u}'\{\tilde{\sigma}_{\varepsilon}^{-2} f'_{\varepsilon}(0)(M_{i_j t_j}) - 2\tilde{\sigma}_{\alpha}^2 \tilde{\sigma}_{\varepsilon}^{-2} f'_{\varepsilon}(0)(T\tilde{\sigma}_{\alpha}^2 + \tilde{\sigma}_{\varepsilon}^2)^{-1}(I_N \otimes J_T)(M_{i_j t_j})$$

$$+ T\tilde{\sigma}_{\alpha}^4 \tilde{\sigma}_{\varepsilon}^{-2}(T\tilde{\sigma}_{\alpha}^2 + \tilde{\sigma}_{\varepsilon}^2)^{-2} f'_{\varepsilon}(0)(I_N \otimes J_T)(M_{i_j t_j})\}u$$

$$= -\frac{1}{2} f'_{\varepsilon}(0) + \frac{1}{2}\tilde{\sigma}_{\alpha}^2 (T\tilde{\sigma}_{\alpha}^2 + \tilde{\sigma}_{\varepsilon}^2)^{-1} f'_{\varepsilon}(0)$$

$$+ \frac{1}{2}\tilde{\sigma}_{\varepsilon}^{-2}f'_{\varepsilon}(0)\tilde{u}_{i_j t_j}^2 - \tilde{\sigma}_{\alpha}^2\tilde{\sigma}_{\varepsilon}^{-2}f'_{\varepsilon}(0)(T\tilde{\sigma}_{\alpha}^2 + \tilde{\sigma}_{\varepsilon}^2)^{-1}((\sum_{s=1}^{T}\tilde{u}_{i_j s})\cdot \tilde{u}_{i_j t_j})$$

$$+ \frac{T}{2}\tilde{\sigma}_{\alpha}^4\tilde{\sigma}_{\varepsilon}^{-2}(T\tilde{\sigma}_{\alpha}^2 + \tilde{\sigma}_{\varepsilon}^2)^{-2}f'_{\varepsilon}(0)((\sum_{s=1}^{T}\tilde{u}_{i_j s})\cdot \tilde{u}_{i_j t_j})$$

$$\psi_{11} = E[-\partial\,\mathring{L}/\partial(\sigma_{\varepsilon}^2)^2]$$

$$= \frac{1}{2}tr[(\tilde{\sigma}_{\varepsilon}^{-2}I_{NT} - \tilde{\sigma}_{\alpha}^2\tilde{\sigma}_{\varepsilon}^{-2}(T\tilde{\sigma}_{\alpha}^2 + \tilde{\sigma}_{\varepsilon}^2)^{-1}(I_N \otimes J_T))^2]$$

$$= \frac{NT\tilde{\sigma}_{\varepsilon}^{-4}}{2}[1 - 2\tilde{\sigma}_{\alpha}^2(T\tilde{\sigma}_{\alpha}^2 + \tilde{\sigma}_{\varepsilon}^2)^{-1} + T\tilde{\sigma}_{\alpha}^4(T\tilde{\sigma}_{\alpha}^2 + \tilde{\sigma}_{\varepsilon}^2)^{-2}]$$

$$\tilde{\psi}_{22} = E[-\partial\,\mathring{L}/\partial(\sigma_{\alpha}^2)^2]$$

$$= \frac{1}{2}tr[(\tilde{\sigma}_{\varepsilon}^{-2}I_{NT} - \tilde{\sigma}_{\alpha}^2\tilde{\sigma}_{\varepsilon}^{-2}(T\tilde{\sigma}_{\alpha}^2 + \tilde{\sigma}_{\varepsilon}^2)^{-1}(I_N \otimes J_T))^2(I_N \otimes J_T)^2]$$

$$= \frac{\tilde{\sigma}_{\varepsilon}^{-4}NT^2}{2}[1 - 2\tilde{\sigma}_{\alpha}^2 T(T\tilde{\sigma}_{\alpha}^2 + \tilde{\sigma}_{\varepsilon}^2)^{-1} + \tilde{\sigma}_{\alpha}^4 T^2(T\tilde{\sigma}_{\alpha}^2 + \tilde{\sigma}_{\varepsilon}^2)^{-2}]$$

$$\tilde{\psi}_{12} = E[-\partial\,\mathring{L}/\partial(\sigma_{\varepsilon}^2)\partial(\sigma_{\alpha}^2)]$$

$$= \frac{1}{2}tr[(\tilde{\sigma}_{\varepsilon}^{-2}I_{NT} - \tilde{\sigma}_{\alpha}^2\tilde{\sigma}_{\varepsilon}^{-2}(T\tilde{\sigma}_{\alpha}^2 + \tilde{\sigma}_{\varepsilon}^2)^{-1}(I_N \otimes J_T))^2(I_N \otimes J_T)]$$

$$= \frac{\tilde{\sigma}_{\varepsilon}^{-4}NT}{2}[1 - 2T\tilde{\sigma}_{\alpha}^2(T\tilde{\sigma}_{\alpha}^2 + \tilde{\sigma}_{\varepsilon}^2)^{-1} + \tilde{\sigma}_{\alpha}^4 T^2(T\tilde{\sigma}_{\alpha}^2 + \tilde{\sigma}_{\varepsilon}^2)^{-2}]$$

$$= \tilde{\psi}_{21}$$

$$\tilde{\psi}_{1i_j t_j} = E[-\partial\,\mathring{L}/\partial(\sigma_{\varepsilon}^2)\partial(\theta_{\varepsilon_{i_j t_j}})]$$

$$= \frac{1}{2}tr[(\tilde{\sigma}_{\varepsilon}^{-2}I_{NT} - \tilde{\sigma}_{\alpha}^2\tilde{\sigma}_{\varepsilon}^{-2}(T\tilde{\sigma}_{\alpha}^2 + \tilde{\sigma}_{\varepsilon}^2)^{-1}(I_N \otimes J_T))^2\tilde{\sigma}_{\varepsilon}^2 f'_{\varepsilon}(0)(M_{i_j t_j})]$$

$$= \frac{\tilde{\sigma}_{\varepsilon}^{-2}f'_{\varepsilon}(0)}{2}[1 - 2\tilde{\sigma}_{\alpha}^2(T\tilde{\sigma}_{\alpha}^2 + \tilde{\sigma}_{\varepsilon}^2)^{-1} + \tilde{\sigma}_{\alpha}^4 T(T\tilde{\sigma}_{\alpha}^2 + \tilde{\sigma}_{\varepsilon}^2)^{-2}]$$

$$= \tilde{\psi}_{i_j t_j 1}$$

$$\tilde{\psi}_{2i_j t_j} = E[-\partial\,\mathring{L}/\partial(\sigma_{\alpha}^2)\partial(\theta_{\varepsilon_{i_j t_j}})]$$

$$= \frac{1}{2}tr[(\tilde{\sigma}_{\varepsilon}^{-2}I_{NT} - \tilde{\sigma}_{\alpha}^2\tilde{\sigma}_{\varepsilon}^{-2}(T\tilde{\sigma}_{\alpha}^2 + \tilde{\sigma}_{\varepsilon}^2)^{-1}(I_N \otimes J_T))^2(I_N \otimes J_T)$$

$$\tilde{\sigma}_{\varepsilon}^2 f'_{\varepsilon}(0)(M_{i_j t_j})]$$

$$= \frac{1}{2}tr[(\tilde{\sigma}_{\varepsilon}^{-4}(I_N \otimes J_T) - 2\tilde{\sigma}_{\alpha}^2\tilde{\sigma}_{\varepsilon}^{-4}(T\tilde{\sigma}_{\alpha}^2 + \tilde{\sigma}_{\varepsilon}^2)^{-1}(I_N \otimes J_T)^2$$

$$+ \tilde{\sigma}_{\alpha}^4\tilde{\sigma}_{\varepsilon}^{-4}(T\tilde{\sigma}_{\alpha}^2 + \tilde{\sigma}_{\varepsilon}^2)^{-2}(I_N \otimes J_T)^3)\tilde{\sigma}_{\varepsilon}^2 f'_{\varepsilon}(0)(M_{i_j t_j})]$$

$$= \frac{\tilde{\sigma}_\varepsilon^{-2} f'_\varepsilon(0)}{2} [1 - 2T\tilde{\sigma}_\alpha^2 (T\tilde{\sigma}_\alpha^2 + \tilde{\sigma}_\varepsilon^2)^{-1} + T^2 \tilde{\sigma}_\alpha^4 (T\tilde{\sigma}_\alpha^2 + \tilde{\sigma}_\varepsilon^2)^{-2}]$$

$$= \tilde{\psi}_{i_j f_2}$$

$$\tilde{\psi}_{(i_j f_j)(i_j f_j)} = E[-\partial^2 L/\partial(\theta_{\varepsilon_{i_j f_j}})^2]$$

$$= \frac{1}{2} tr[(\tilde{\sigma}_\varepsilon^{-2} I_{NT} - \tilde{\sigma}_\alpha^2 \tilde{\sigma}_\varepsilon^{-2} (T\tilde{\sigma}_\alpha^2 + \tilde{\sigma}_\varepsilon^2)^{-1} (I_N \otimes J_T))^2 (\tilde{\sigma}_s^2 f'_\varepsilon(0)(M_{i_j f_j}))^2]$$

$$= \frac{1}{2} tr[(f'_\varepsilon(0))^2 (M_{i_j f_j})^2 - 2\tilde{\sigma}_\alpha^2 (f'_\varepsilon(0))^2 (T\tilde{\sigma}_\alpha^2 + \tilde{\sigma}_\varepsilon^2)^{-1} (I_N \otimes J_T)(M_{i_j f_j})^2$$

$$+ \tilde{\sigma}_\alpha^4 (f'_\varepsilon(0))^2 (T\tilde{\sigma}_\alpha^2 + \tilde{\sigma}_\varepsilon^2)^{-2} (I_N \otimes J_T)^2 (M_{i_j f_j})^2]$$

$$= \frac{(f'_\varepsilon(0))^2}{2} [1 - 2\tilde{\sigma}_\alpha^2 (T\tilde{\sigma}_\alpha^2 + \tilde{\sigma}_\varepsilon^2)^{-1} + T\tilde{\sigma}_\alpha^4 (T\tilde{\sigma}_\alpha^2 + \tilde{\sigma}_\varepsilon^2)^{-2}]$$

$$\tilde{\psi}_{(i_p f_p)(i_q f_q)} = E[-\partial \acute{L}/\partial(\theta_{\varepsilon_{i_p f_p}})\partial(\theta_{\varepsilon_{i_q f_q}})]$$

$$= \frac{1}{2} tr[(\tilde{\sigma}_\varepsilon^{-2} I_{NT} - \tilde{\sigma}_\alpha^2 \tilde{\sigma}_\varepsilon^{-2} (T\tilde{\sigma}_\alpha^2 + \tilde{\sigma}_\varepsilon^2)^{-1} (I_N \otimes J_T))^2$$

$$(\tilde{\sigma}_s^2 f'_\varepsilon(0))^2 (M_{i_p f_p})(M_{i_q f_q})] = 0(p \neq q)$$

$$= \tilde{\psi}_{(i_q f_q)(i_p f_p)}$$

在原假设 H_0 下关于 ρ 的导数向量：

$$\tilde{D}_\rho = \begin{pmatrix} 0 \\ 0 \\ \partial L/\partial \theta_{\varepsilon_{i_1 t_1}} \\ \vdots \\ \partial L/\partial \theta_{\varepsilon_{i_m t_m}} \end{pmatrix}$$

H_0 下的信息矩阵为 $\tilde{\psi}_\rho = \begin{pmatrix} B_{11} & B_{12} \\ B_{21} & B_{22} \end{pmatrix}$。

其中，$B_{11} = \begin{pmatrix} \hat{\psi}_{11} & \hat{\psi}_{12} \\ \hat{\psi}_{21} & \hat{\psi}_{22} \end{pmatrix} = \frac{\tilde{\sigma}_\varepsilon^{-4} NT}{2} \begin{pmatrix} 1 - 2\tau + T\tau^2 & (1 - T\tau)^2 \\ (1 - T\tau)^2 & T(1 - T\tau)^2 \end{pmatrix}$

$B_{12} = \frac{\tilde{\sigma}_\varepsilon^{-2} f'_\varepsilon(0)}{2} \begin{pmatrix} 1 - 2\tau + T\tau^2 & \cdots & 1 - 2\tau + T\tau^2 \\ (1 - T\tau)^2 & \cdots & (1 - T\tau)^2 \end{pmatrix}$

$$B_{21} = B'_{12} \, , \, B_{22} = \frac{(f'_{\varepsilon}(0))^2(1 - 2\tau + T\tau^2)}{2} \begin{pmatrix} 1 & 0 & \cdots & 0 \\ 0 & 1 & \cdots & 0 \\ \vdots & \vdots & \vdots & \vdots \\ 0 & 0 & \cdots & 1 \end{pmatrix}$$

为计算 LM 统计量，求得以下表达式：

$$B_{21}B_{11}^{-1}B_{12} = \frac{(f'_{\varepsilon}(0))^2(1 - 2\tau + T\tau^2)}{2NT} \begin{pmatrix} 1 & \cdots & 1 \\ \vdots & \ddots & \vdots \\ 1 & \cdots & 1 \end{pmatrix}$$

$$B_{22} - B_{21}B_{11}^{-1}B_{12} =$$

$$\frac{(f'_{\varepsilon}(0))^2(1 - 2\tau + T\tau^2)}{2TN} \begin{pmatrix} TN - 1 & -1 & \cdots & -1 \\ -1 & TN - 1 & -1 & \vdots \\ \vdots & -1 & \ddots & -1 \\ -1 & \cdots & -1 & TN - 1 \end{pmatrix}$$

令 $\tilde{\psi}_{\theta_{\varepsilon_{it}}}^{-1} = (B_{22} - B_{21}B_{11}^{-1}B_{12})^{-1}$，则

$$\tilde{\psi}_{\theta_{\varepsilon_{it}}}^{-1} = \frac{2}{(f'_{\varepsilon}(0))^2(1 - 2\tau + T\tau^2)} \begin{pmatrix} 1 + \dfrac{1}{NT - m} & \dfrac{1}{NT - m} & \cdots & \dfrac{1}{NT - m} \\ \dfrac{1}{NT - m} & \ddots & \dfrac{1}{NT - m} & \vdots \\ \vdots & \dfrac{1}{NT - m} & \ddots & \dfrac{1}{NT - m} \\ \dfrac{1}{NT - m} & \cdots & \dfrac{1}{NT - m} & 1 + \dfrac{1}{NT - m} \end{pmatrix}$$

附录三

首先，让 $\lambda = \tilde{\sigma}_{\alpha}^2 (T\tilde{\sigma}_{\alpha}^2 + \tilde{\sigma}_{\varepsilon}^2)^{-1}$

$$A_{11} = \begin{pmatrix} \hat{\psi}_{11} & \hat{\psi}_{12} \\ \hat{\psi}_{21} & \hat{\psi}_{22} \end{pmatrix} =$$

$$\begin{pmatrix} \tilde{\sigma}_\varepsilon^{-4}(\frac{NT}{2} - NT\lambda + \frac{NT^2}{2}\lambda^2) & \tilde{\sigma}_\varepsilon^{-4}(\frac{NT}{2} - NT^2\lambda + \frac{NT^3}{2}\lambda^2) \\ \tilde{\sigma}_\varepsilon^{-4}(\frac{NT}{2} - NT^2\lambda + \frac{NT^3}{2}\lambda^2) & \tilde{\sigma}_\varepsilon^{-4}(\frac{NT^2}{2} - NT^3\lambda + \frac{NT^4}{2}\lambda^2) \end{pmatrix}$$

$$= \frac{1}{2}\tilde{\sigma}_\varepsilon^{-4}NT\begin{pmatrix} (1 - 2\lambda + T\lambda^2) & (1 - T\lambda)^2 \\ (1 - T\lambda)^2 & T(1 - T\lambda)^2 \end{pmatrix}$$

$$A_{12} = \begin{pmatrix} \hat{\psi}_{1j_1} & \cdots & \hat{\psi}_{1j_k} \\ \hat{\psi}_{2j_1} & \cdots & \hat{\psi}_{2j_k} \end{pmatrix} =$$

$$\begin{pmatrix} \tilde{\sigma}_\varepsilon^{-2}f'_\varepsilon(0)(\frac{T}{2} - T\lambda + \frac{T^2\lambda^2}{2}) & \cdots & \tilde{\sigma}_\varepsilon^{-2}f'_\varepsilon(0)(\frac{T}{2} - T\lambda + \frac{T^2\lambda^2}{2}) \\ \tilde{\sigma}_\varepsilon^{-2}f'_\varepsilon(0)(\frac{T}{2} - T^2\lambda + \frac{T^3\lambda^2}{2}) & \cdots & \tilde{\sigma}_\varepsilon^{-2}f'_\varepsilon(0)(\frac{T}{2} - T^2\lambda + \frac{T^3\lambda^2}{2}) \end{pmatrix}$$

$$= \frac{1}{2}\tilde{\sigma}_\varepsilon^{-2}f'_\varepsilon(0)T\begin{pmatrix} (1 - 2\lambda + T\lambda^2) & \cdots & (1 - 2\lambda + T\lambda^2) \\ (1 - T\lambda)^2 & \cdots & (1 - T\lambda)^2 \end{pmatrix}$$

$$A_{21} = \begin{pmatrix} \hat{\psi}_{j_1 1} & \hat{\psi}_{j_1 2} \\ \vdots & \vdots \\ \hat{\psi}_{j_k 1} & \hat{\psi}_{j_k 2} \end{pmatrix} =$$

$$\begin{pmatrix} \tilde{\sigma}_\varepsilon^{-2}f'_\varepsilon(0)(\frac{T}{2} - T\lambda + \frac{T^2\lambda^2}{2}) & \tilde{\sigma}_\varepsilon^{-2}f'_\varepsilon(0)(\frac{T}{2} - T^2\lambda + \frac{T^3\lambda^2}{2}) \\ \vdots & \vdots \\ \tilde{\sigma}_\varepsilon^{-2}f'_\varepsilon(0)(\frac{T}{2} - T\lambda + \frac{T^2\lambda^2}{2}) & \tilde{\sigma}_\varepsilon^{-2}f'_\varepsilon(0)(\frac{T}{2} - T^2\lambda + \frac{T^3\lambda^2}{2}) \end{pmatrix}$$

$$= \frac{1}{2}\tilde{\sigma}_\varepsilon^{-2}f'_\varepsilon(0)T\begin{pmatrix} (1 - 2\lambda + T\lambda^2) & (1 - T\lambda)^2 \\ \vdots & \vdots \\ (1 - 2\lambda + T\lambda^2) & (1 - T\lambda)^2 \end{pmatrix}$$

$$A_{22} = \begin{pmatrix} \hat{\psi}_{j_1 j_1} & \cdots & \hat{\psi}_{j_1 j_k} \\ \vdots & \ddots & \vdots \\ \hat{\psi}_{j_k j_1} & \cdots & \hat{\psi}_{j_k j_k} \end{pmatrix}$$

$$= \frac{1}{2}T\left(f'_\varepsilon(0)\right)^2 \begin{pmatrix} (1 - 2\lambda + T\lambda^2) & 0 & \cdots & 0 \\ 0 & \ddots & \cdots & 0 \\ \vdots & 0 & \ddots & \vdots \\ 0 & 0 & \cdots & (1 - 2\lambda + T\lambda^2) \end{pmatrix}$$

进一步可以推出原假设 H_0 下的相应 LM 统计量：

$$LM = \tilde{D}'_\rho \tilde{\psi}_\rho^{-1} \tilde{D}_\rho = (\tilde{D}_{\theta_{\varepsilon_j}})' \tilde{\psi}_{\theta_{\varepsilon_j}}^{-1} (\tilde{D}_{\theta_{\varepsilon_j}}) = (\tilde{D}_{\theta_{\varepsilon_j}})' (A_{22} - A_{21} A_{11}^{-1} A_{12})^{-1} (\tilde{D}_{\theta_{\varepsilon_j}})$$

其中 $A_{11}^{-1} = \dfrac{2\tilde{\sigma}_\varepsilon^4}{NT(1-T)} \begin{pmatrix} -T & 1 \\ 1 & \dfrac{(-T\lambda^2 + 2\lambda - 1)}{(1 - T\lambda)^2} \end{pmatrix}$

$$A_{21} A_{11}^{-1} A_{12} = \frac{1}{2} \frac{(f'_\varepsilon(0))^2 T}{N} \begin{pmatrix} 1 - 2\lambda + T\lambda^2 & \cdots & 1 - 2\lambda + T\lambda^2 \\ \vdots & \ddots & \vdots \\ 1 - 2\lambda + T\lambda^2 & \cdots & 1 - 2\lambda + T\lambda^2 \end{pmatrix}$$

$$A_{22} - A_{21} A_{11}^{-1} A_{12} =$$

$$\frac{(f'_\varepsilon(0))^2 T(1 - 2\lambda + T\lambda^2)}{2N} \begin{pmatrix} N-1 & -1 & \cdots & -1 \\ -1 & N-1 & -1 & \vdots \\ \vdots & -1 & \ddots & -1 \\ -1 & \cdots & -1 & N-1 \end{pmatrix}$$

$$(A_{22} - A_{21} A_{11}^{-1} A_{12})^{-1} = \tilde{\psi}_{\theta_{\varepsilon_j}}^{-1} = \frac{2}{(f'_\varepsilon(0))^2 T(1 - 2\lambda + T\lambda^2)} \cdot \Gamma$$

这里 $\Gamma = \begin{pmatrix} 1 + \dfrac{1}{N-k} & \dfrac{1}{N-k} & \cdots & \dfrac{1}{N-k} \\ \dfrac{1}{N-k} & \ddots & \dfrac{1}{N-k} & \vdots \\ \vdots & \dfrac{1}{N-k} & \ddots & \dfrac{1}{N-k} \\ \dfrac{1}{N-k} & \cdots & \dfrac{1}{N-k} & 1 + \dfrac{1}{N-k} \end{pmatrix}$

又因为

$$\frac{\partial L}{\partial \theta_{\varepsilon_{j_r}}} \bigg|_{H_0} = -\frac{T}{2} f'_\varepsilon(0)(1-\lambda) + \frac{1}{2}\tilde{\sigma}_\varepsilon^{-2} f'_\varepsilon(0) \sum_{s=1}^{T} \tilde{u}_{j,s}^2 - \lambda \tilde{\sigma}_\varepsilon^{-2} f'_\varepsilon(0)$$

$$\sum_{s,t=1}^{T} \tilde{u}_{j,s} \cdot \tilde{u}_{j,t} + \frac{T}{2}\lambda^2 \tilde{\sigma}_\varepsilon^{-2} f'_\varepsilon(0) \sum_{s,t=1}^{T} \tilde{u}_{j,s} \tilde{u}_{j,t}$$

$$= f'_{\varepsilon}(0)\left[-\frac{T}{2}(1-\lambda) + \frac{1}{2}\tilde{\sigma}_{\varepsilon}^{-2}\sum_{s=1}^{T}\tilde{u}_{j,s}^{2} + \right.$$

$$\left.(-\tilde{\sigma}_{\varepsilon}^{-2}\lambda + \frac{\tilde{\sigma}_{\varepsilon}^{-2}T\lambda^{2}}{2})(\sum_{s,t=1}^{T}(\tilde{u}_{j,s}\tilde{u}_{j,t}))\right]$$

让 $v_r = -\dfrac{T}{2}(1-\lambda) + \dfrac{1}{2}\tilde{\sigma}_{\varepsilon}^{-2}\sum_{s=1}^{T}\tilde{u}_{j,s}^{2} + (-\tilde{\sigma}_{\varepsilon}^{-2}\lambda + \dfrac{\tilde{\sigma}_{\varepsilon}^{-2}T\lambda^{2}}{2})(\sum_{s,t=1}^{T}(\tilde{u}_{j,s}\tilde{u}_{j,t}))$，

那么 $\dfrac{\partial L}{\partial \theta_{\varepsilon_{j_r}}}\Big|_{H_0} = f'_{\varepsilon}(0)v_r$

最终得到：

$$LM = (\tilde{D}_{\theta_{\varepsilon_j}})'\tilde{\psi}_{\theta_{\varepsilon_j}}^{-1}(\tilde{D}_{\theta_{\varepsilon_j}})$$

$$= (f'_{\varepsilon}(0)v_1 \quad f'_{\varepsilon}(0)v_2 \quad \cdots \quad f'_{\varepsilon}(0)v_k)\tilde{\psi}_{\theta_{\varepsilon_j}}^{-1}\begin{pmatrix} f'_{\varepsilon}(0)v_1 \\ f'_{\varepsilon}(0)v_2 \\ \vdots \\ f'_{\varepsilon}(0)v_k \end{pmatrix}$$

$$= \frac{2}{T(1-2\lambda+T\lambda^2)}\left[(1+\frac{1}{N-k})\sum_{r=1}^{k}v_r^2 + \frac{1}{N-k}\sum_{r,s=1,r\neq s}^{k}v_r v_s\right]$$

$$= \frac{2}{T(1-2\lambda+T\lambda^2)}\left[(1+\frac{1}{N-k})\sum_{r=1}^{k}v_r^2 + \frac{1}{N-k}(\sum_{r,s=1}^{k}v_r v_s - \sum_{r=1}^{k}v_r^2)\right]$$

$$= \frac{2}{T(1-2\lambda+T\lambda^2)}(\sum_{r=1}^{k}v_r^2 + \frac{1}{N-k}\sum_{r,s=1}^{k}v_r v_s)$$

第七章 结论和政策启示

现阶段生态赤字和资源缺口不断增大，已经严重制约经济社会可持续发展。世界各国都在关注和探索在资源和环境的硬约束条件下以什么样的方式和途径保持经济的稳定发展。面对国外环境变化的新形势，国际市场需求低迷对重点产业的影响仍在继续，部分产业回升基础尚不牢固，优化布局、提高经济发展的质量和效益的任务十分艰巨。转变经济发展方式已成为中国经济实现"又好又快"发展的最紧迫的任务之一。

转变外贸发展方式已经成为中国新的贸易发展思路。同时，作为经济全球化背景下最突出的跨国企业行为态势之一，外包是新一轮国际分工和产业链国际化重新构建的必然趋势。进入 21 世纪以来，随着发展中国家技术、人力资源等要素水平的不断提高，而且继续保持着低成本优势，大量离岸外包业务正从发达国家转向发展中国家。中国、印度、爱尔兰、菲律宾和俄罗斯等国，现已通过承接外包方式，积极参与到新一轮国际分工当中。应对未来国际竞争态势，中国经济增长方式转变已成为未来发展和强国的趋势，且不可逆转。因此，有必要加深贸易、外包与能源、环境的内在关联性的认识。

第一节 主要结论

一 对外贸易正向影响能源消耗和二氧化碳排放量

本书第二章基于已有研究遴选出表征能源有效利用、环境保护的目标变量和主要政策实施的表征变量，选取 1992—2010 年 30 省、市、区的面板数据，构建了动态面板模型，运用广义矩估计方法，实证分析能源、环境约束下的主要政策绩效。第二章获得了如下结论。

第一，滞后一期的被解释变量对当期被解释变量的边际系数不仅具有统计显著性，而且具有明显的经济显著性。

第二，经验数据显示，对外贸易政策与能源消耗、废气排放量、单位废排等主要能源、环境目标变量存在显著的正向关系。各地区对外开放政策的表征向量每增加 1 个百分点，能源消耗、单位能耗会分别增加0.099、0.093 个百分点，废气排放量、单位废气排放量会分别增加0.039、0.060 个百分点。

第三，经验数据还显示，人均经济发展水平与能源利用、环境保护存在两层关系。第一层，应该注意在经济发展的同时废气排放总量上升的环境风险。第二层，不能否定经济发展对能源有效利用、环境保护的正向传导作用，即随着中国人均经济发展水平的提高、能源的有效利用和各种环境治理措施的加强，能源消费和单位废气排放最终呈下行的趋势。

第四，第二产业政策变量的回归系数基本为负值，这显示出工业化政策与能源有效利用、环境保护的政策调控目标并不矛盾，随着企业通过技术创新提高了能源综合利用率，落后产能被淘汰，新技术和新能源的有效利用，多数工业企业的单位耗能和单位废气排放会渐呈下降的趋势。第三产业政策变量的回归系数都为负值，这证明了服务业发展对提高能源的使用效率、降低整个社会的废气排放量有明显的正向传递作用。

第五，目前中国实施的人才战略政策尚没有促使人力资本积累到技术溢出效应显示效果的边界，企业能源效率没有得到明显的提高，但数据显示，随着中国人力资本的不断提高，中国废气排放总量和单位产值的废气排放呈下降的趋势。

第六，基于城市化与单位废气排放的正相关性，可以判断，城市化是一个渐进的过程，目前，各地需要充分考虑城市的容纳能力，逐渐推动城市化进程，以避免造成过度的地区环境问题。另外，基于城市化进程的加快没有导致中国各地区能源消费总量以及单位能耗快速上升的经验结果，可以判断，城市化进程正促使各个地区集中能源消费，发挥出规模经济优势。

第七，经验数据显示，不断完善的市场化建设会限制能源消费总量的消耗以及提高能源单位利用的效能，而且市场化与单位废气排放量有着直接的负向关系。

第八，估计结果一方面显示公共财政政策与能源消耗总量、单位能耗有微弱的负相关性，另一方面则显示出公共财政政策与废气排放总量、单位废气排放量有着微弱的正相关性。

二 对外贸易各变量对环境指标的影响存在基于人均 GDP 的不同程度的门限变化特征

近年来，围绕进出口贸易对生产率、收入、环境的效应问题，国内外学者做了一定的研究工作。但是，鉴于在不同区域特征下贸易政策实施效果可能会呈现非线性变化的趋势，本书第三章基于 1992—2010 年中国省际面板数据，运用 Hansen 提出的门限检验方法，以人均 GDP 作为反映区域经济发展水平特征的门限变量，通过构建单一或双重门限模型，对出口贸易、进口贸易影响不同宏观变量的门限特征进行检验。第三章得出如下结论。

第一，环境模型结果基本上验证了贸易各变量对环境指标的影响存在基于人均 GDP 的不同程度的门限变化特征。其中，地区人均实际生产总值与出口导致的碳排放总量虽不相关，但随着人均 GDP 的增加，出口对碳排放指标的影响系数也在不断增加，这一结果仍可以验证，在中国经济发展水平较高的地区，随着贸易开放程度的提高，环境确实承受了不小的压力，偏向于高耗能、高耗电的出口结构不利于碳减排，需要向低耗能结构调整。尤其是，样本结果显示，进口导致的碳排放总量存在统计意义上显著的基于人均 GDP 的门限效应，进口影响碳排放指标模型的分段结果显示出单边上升的门限效应。

第二，生产率模型结果验证了出口变量、进口变量对生产率存在基于人均 GDP 的显著区间效应。出口贸易对生产率的影响存在显著区间效应，这证明了现阶段中国中西部地区的出口对生产率存在显著的促进作用；进口变量对生产率的影响体现出 U 形分布的区域门限特征，这可以证实主要地区的进口贸易对生产率有明显的促进作用，中西部大部分地区的进口贸易对生产率的正向外溢效应略弱于东部发达地区。

第三，收入模型结果也基本上验证了贸易变量对城乡收入指标的影响存在基于人均 GDP 的不同程度的门限变化特征。结果显示，地区人均实际生产总值与出口引致的城镇人均收入、农村人均收入增加效应正相关，但与城乡收入差距扩大效应负相关。结果还显示，进口对城镇人均收入的溢出呈正相关的门限特征，对农村人均收入影响呈负相关的门限特征，人均 GDP 与进口导致的城乡收入扩大效应不相关。

三　近期数据显示，与加工品、零配件相关的外包生产活动相对于其他外包活动产生了较多的二氧化碳排放

本书第四章的分析结果表明 2010 年中国制造业承担的由外国发包的中间产品中，零配件生产代表了中国参与的主要离岸外包活动，而与离岸外包任务有关的初级产品生产仅占总产出的很小一部分。通过量化中国参与的离岸外包活动，可以发现电子设备、其他制造业、一般机械、精密仪器、轻工业、化工业是最活跃的离岸外包部门，其他制造业、精密仪器、化工、轻工、钢铁和有色金属、非金属矿物业在加工品的离岸外包活动中占有最高比重，一般机械、电子设备、其他制造业在与零配件生产相关的离岸外包活动中占比最高。石油和煤炭、钢铁和有色金属、化工、非金属矿物业排放了最多的二氧化碳，而机械部门以及劳动密集型生产部门则产生了最少的二氧化碳。

研究结论也表明，295.3 百万吨的二氧化碳是由中国制造业参与与中间产品相关的离岸外包活动产生的，总的来说，这占据了中国所有与制造业活动有关的二氧化碳排放量的 5.48%。与加工品和零配件离岸外包活动有关的二氧化碳排放量要显著高于与初级产品生产相关的排放量。钢铁和有色金属、化工、精密仪器、其他制造业在生产加工品过程中排放了最多的二氧化碳；电子设备和一般机械业也产生了大量的二氧化碳，但这主要归因于中国承接了较高比例的零配件离岸外包工序。

四　长期数据显示，粗放式承接加工品、基本材料简单生产工序一直是承接业务环节中引致碳排放过度的最主要因素

本书第五章通过构建中国（进口）非竞争型投入产出表，运用动态面板模型 GMM 估计方法，实证检验 1991—2010 年中国 12 行业承接外包与能源消耗、碳排放的动态关联性，从量、强度维度研究了细分特征的承接外包活动对能源、环境的综合影响。第五章获得如下主要结论。

首先，基本模型和强度模型的估计结果均显示，样本期间出口贸易对能源完全消耗、碳完全排放有显著正向影响，进口变量对能源消耗、碳排放的影响系数基本上为负数，从而揭示了出口贸易不仅拉动了中国能源的快速增长，而且引发了高碳排放问题，进口则在一定程度上转移了高耗能和高碳排放生产环节。

出口贸易被分解为三种形式：消费品出口、资本品出口和承接外包（或称中间产品出口）。相对于前两种贸易方式（消费品出口、资本品出口）影响幅度较小的结果，承接外包活动不仅对主要指标有着非常显著的影响作用，并且它的影响系数明显高于出口贸易指标的影响系数。鉴于此，承接国外中间生产环节的外包业务被验证为中国开放经济中诱发能源消耗和碳排放快速增长的最主要拉动力量。

第五章继续探究了不同特征的承接外包活动对能源消耗、碳排放的综合影响。其中，基本材料外包对碳排放有明显的正向影响；除了承接加工品外包对能源完全消耗总量有统计意义上不显著的负向影响以外，样本数据显示出，承接加工品外包对碳排放总量、强度以及能源消耗强度有显著的正向影响；除了承接零配件外包对能源完全消耗总量有统计意义上较显著的正向影响以外，承接零配件外包对能源消耗强度、碳排放强度有统计意义上显著的负向影响。

在中国当前生态赤字和能源缺口问题日渐突出的情形下，应加强对中国以外向型经济为主的产业结构调整，侧重鼓励企业采用先进技术和科学管理方法降低承接零配件产品的能源消耗比例以及承接加工品、基本材料的碳过度排放比例，这对于转变贸易发展方式、促进中国经济和社会的可持续发展是十分有益的。另外，第五章对于中国主要外向型企业在节能减排压力下采取有效的承接外包战略提供了理论和实践基础。走低耗能、低碳发展之路已经成为中国外向型企业可持续发展的必然选择。基于实证结论有助于企业深入理解中国主要行业承接国外中间产品或服务环节的载能量、碳排放量的变动特征和发展趋势，有助于中国企业在节能减排压力下充分体现企业的社会责任，从过去"被动接受型"向"主动拓展型"转变，使"外包"真正为"我"所用，促进承接外包与能源节约、环境保护的和谐发展。

第二节　政策内涵和建议

一　政策上需要渐进式引导低耗能、低排放的贸易结构调整

基于本书第二章的结论，可以引申出如下的经济内涵和政策建议。

第一，滞后一期的被解释变量对当期被解释变量的影响显著的结论，

可以说明在制定提高能源使用效率和减少碳排放的经济政策时，应该关注前期能源消耗和废气排放对后期的滞后影响。因此，当前在制定和实施为促进经济方式转变的新经济政策时，需要考虑过去已实施的经济政策，而且有必要关注过去各地的历史绩效指标。在制定能源消费和减少碳排放的经济政策时，那些能源消费高和煤炭消费比例过大的地区应是能源利用效能改善和碳排放减少的重点关注地区。

第二，经验数据显示的对外贸易政策与能源、环境主要变量的正相关关系表明，一方面，现阶段中国的贸易结构偏向于高耗能、高耗电的加工贸易，并且目前的进口贸易还无法实现对高能耗的国内生产的完全替代，因此政策上需要渐进式引导低耗能的贸易结构调整。另一方面，贸易增长所伴随的环境破坏不容忽视，政府亟须加强国内产品的环境规制管理，有必要采取综合措施协调贸易、环境与经济发展之间的关系。总之，在保持对外开放总方针不变的前提下，政策上引导向低耗能、低排放的贸易结构调整。

第三，基于人均经济发展水平对能源利用、环境保护影响的两层关系，笔者建议，需权衡经济发展水平和废气排放总量增加之间的矛盾，在继续促进中国人均经济发展水平提高的同时，采取有效措施以控制废气的过度排放和能源的过度浪费。发展经济必须辅之以促进能源有效利用和环境发展的政策供给。基于产业政策表征变量对能源、环境的负向影响关系，可以归纳出工业化发展和服务促进政策与能源、环境的政策调控目标不矛盾，因此，在能源、环境约束下，应继续侧重发展低耗能、碳排放较低的绿色产业。基于人才资本发展政策的估计结果表明，有助于提高人力资本的发展政策可以促进环境负荷的降低。

第四，基于城市化与单位废气排放的正相关性结果，笔者建议，各地需要充分考虑城市的容纳能力，逐渐推动城市化进程，以避免造成过度的地区环境问题。基于市场化变量的经验数据结果，笔者建议，在能源和环境的约束下，政府需引导企业采用新技术以提高能源的使用效率，并提供政策上的鼓励措施以减少高耗能企业的碳排放。专家也证明，市场与政府干预结合的治污投资有利于经济的长期发展（徐承红、李标，2012）。基于公共财政政策的估计结果表明，易被接受并且功效合理的财政政策可以引导企业和消费者节能减排。

二 经济发展较快地区先行，完善外向型企业生产的环境规制，在不违反环境规制的条件下推动进出口贸易

基于本书第三章的研究结果，可以获得如下政策启示：

首先，环境模型结果验证了出口、进口变量对环境指标的影响存在基于人均 GDP 的不同程度的门限变化特征。从出口变量的估计结果来看，随着人均 GDP 的增加，出口对碳排放指标的影响系数不断增加，这一结果可以验证，在中国经济发展水平较高的地区，随着贸易开放程度的提高，环境确实承受了不小的压力，偏向于高耗能、高耗电的出口结构不利于碳减排，需要向低耗能结构调整。尤其是进口贸易的样本结果揭示出，在部分经济发展水平较低的地区，进口贸易可以替代高能耗的国内生产，一般对碳减排有利，但针对经济发展水平较高的地区，进口贸易却开始对环境呈现明显的负向影响。总之，发展可持续的循环经济是降低贸易对环境影响的前提条件，笔者建议，经济发展较快地区应先行，主导贸易发展方式应从粗放型向追求技术进步和环境友好型的集约型转变，应不断完善外向型企业生产的环境规制，在不违反环境规制的条件下推动进出口贸易的发展。

其次，基于生产率模型的估计结果，笔者建议，中国仍需保持对外开放总方针不变，各地区应利用比较优势并适应地区经济特征发展对外贸易。其中，鉴于东部地区的出口贸易对生产率影响不显著的估计结果，东部地区应侧重出口商品结构战略性转型，拓展新的贸易领域和空间以提升产业核心竞争力。例如，培养战略性新兴产业的新优势，延长加工贸易国内增值链，发展服务外包产业等；鉴于中西部地区进口贸易对生产率效应与东部地区存在差异的估计结果，西部地区应利用进口贸易引进对当地产出效率产生积极影响的关键设备和先进技术，加强地区的人力资本积累，增强贸易对生产率溢出的吸收能力。

最后，基于收入模型的检验结果，可以获得的启示是：在以提高城乡收入、缩小城乡收入差距为主要民生政策目标的政策变迁模式下，应深刻理解贸易对收入影响的双刃剑特征。一方面，由于积极参与全球化贸易有利于中国初次分配中劳动收入份额的增长，需一如既往地实行对外开放发展战略；另一方面，需要控制贸易增长的速度，权衡贸易发展与低收入人群之间的平衡关系，以实现居民收入增长和贸易发展同步，劳动报酬增加与外向型企业生产率提高同步。具体政策如继续完善收入分配制度，创造公平的就业环境，降低外向型企业的交易成本，增加贸易产业中劳动报酬的比例；向农村地区偏移教育投入以提高农村居民技能水平，通过技能的提高、转移就业增加低收入人群工资性收入。

总之，将来的贸易发展不应该是仅仅促使中国国内资源被大量用于产出水平短期上升的贸易增长（包群，2008），而应该是协调统一在中国经济发展方式转变的长远规划框架下促使资源利用效率的提高、人民收入可持续增加并与环境和谐的贸易良性发展。

三　政策上应鼓励降低能耗的任何技术手段和管理方法，与发达国家协同控制外包生产过程中二氧化碳的过度排放

本书第四章的估计结果证明，按照中国制造业外包任务的每一部分为基础来梳理研究结果是可行的。2010 年的估计结果显示，现阶段与加工品和零配件相关的离岸外包生产活动诱发了大量的二氧化碳排放量，这些排放量主要归因于钢铁和有色金属、化工、其他制造业、精密仪器、非金属矿物和轻工业。与之形成对比的是，食品、纺织和一般机械业在它们的加工品和零配件生产过程中产生了相对较少的二氧化碳。

一方面，尽管研究结果表明，发包到中国的生产任务对中国的环境有积极的影响，然而离岸外包活动所产生的二氧化碳排放量仅占制造业所有排放量的一小部分，最终消费以及国内生产活动所引发的二氧化碳排放量远远超过了离岸外包生产活动的排放量。因此，根据其在环境上的微弱影响，中国的离岸外包生产活动不能作为环境问题的主要原因。特别需要指出的是，从研究结果中还可以发现一个有趣的现象：尽管离岸外包活动参与度低但耗能高的工业部门产生了较多的二氧化碳。因此，意图降低能源消耗的任何举措都应该关注整个制造业，而不是将矛头指向发达国家发包给中国的外包活动。

另一方面，研究结果因不同的外包工序及承接的工业部门不同而不同，例如，与加工品和零配件相关的离岸外包生产工序要比其他的生产工序产生了更多的二氧化碳，这很可能归因于机械部门，因为机械部门生产了最多的零配件并消耗了最多的能源（Lin & Sun，2010）。

基于以上研究结果，中国应该为二氧化碳排放承担重要的责任，而且应该与发包给中国的发达国家合作，协同环境监管来减少这些排放量。试

图降低二氧化碳排放以及促进清洁生产计划的措施应该参照联合国气候变化委员会规定的标准来进行评估。此外，为了减少二氧化碳排放并提高能源使用效率，改变中国的能源定价机制也是必要的（Schroeder，2014）。

进一步从组织和基于产品的视角来考虑离岸外包活动对环境产生的效应是重要的，为了达到这个目的，在项目、组织和产品层面上使用碳计量以及离岸外包计量尺度是有用的。

四 政策上侧重鼓励企业采用先进技术和科学管理方法降低产品的能源消耗比例和碳排放比例

长期估计结果显示，承接国外中间生产环节的外包业务被验证为中国开放经济中诱发能源消耗和碳排放快速增长的最主要拉动力量。进一步的分类别分析结果显示，中国承接加工品、基本材料仍是承接业务环节中引致碳排放过度的最主要因素，零配件中间环节的承接外包虽导致了能源的过度消耗，但承接零配件可以抵消中国制造业主要行业承接外包所引致的碳过度排放的负向作用。

基于本书第五章的估计结果，笔者建议，在中国当前生态赤字和能源缺口问题日渐突出的情形下，应加强对中国以外向型经济为主的产业结构调整，侧重鼓励企业采用先进技术和科学管理方法降低承接零配件产品的能源消耗比例以及承接加工品、基本材料的碳过度排放比例，这对于转变贸易发展方式、促进中国经济和社会的可持续发展是十分有益的。另外，第五章为中国主要外向型企业在节能减排压力下采取有效的承接外包战略提供了理论和实践基础。走低耗能、低碳发展之路已经成为中国外向型企业可持续发展的必然选择。基于实证结论有助于企业深入理解中国主要行业承接国外中间产品或服务环节的载能量、碳排放量的变动特征和发展趋势，有助于中国企业在节能减排压力下，充分体现企业的社会责任，从过去"被动接受型"向"主动拓展型"转变，使"外包"真正为"我"所用，促进承接外包与能源节约、环境保护的和谐发展。

第三节 主要创新之处

纵观现有文献，国内外学者对外包的理论和实证研究已经取得了较为丰富的成果，但与国外研究相比，国内对外包的理论研究还不够细致和深入，而且也缺乏通过实证检验进行规范性的分析。这主要由于数据获取的限制及可参考的外包理论模型的缺乏所造成的。系统、深入地总结和归纳国外外包理论模型和方法，并开展创新性实证研究，不仅具有重要的方法论意义和理论意义，同时也是现实的迫切要求。

本书借鉴国际先进的外包理论与方法，结合 Feenstra（2010）的外包理论模型、国际贸易理论模型，从传统贸易理论、现代新贸易理论等角度研究了全球产业共生模式下中国承接外包业务的特点、影响机制，有助于掌握外包行为的结构性特征及产生的内在规律。同时深入探讨了中国主要产业不同形式、不同方向的外包对能源消耗、环境的影响效应，最终预测了中国承接外包的发展趋势和制定中国利用外包促进产业发展的政策性建议。研究结果将有助于深入探讨外包这一行为产生的内在机理，丰富现有的外包经济理论，对进一步发展和完善外包业务做出一定的贡献。并且有利于政府和相关部门合理地制定促进中国外包业务健康和谐发展与促进产业结构调整的调控措施。

本书在国内外研究基础上，努力推进了以下方面的工作。

一　多维、多层次地深入研究对外贸易，承接外包与能源、环境的内在联系，为中国贸易发展方式转型提供可参考的理论和经验素材

本书多维、多层次地对中国经济转型期的能源、环境与对外贸易、承接外包演变的内在联系进行了全面的分析。为清晰刻画能源、环境约束下的贸易政策绩效，且考虑到不同时间、空间经济背景下变量间的非线性、内在性特征，本书分别采用了动态面板 GMM、非线性面板门限模型等分析技术。

本书第二章在已有关于贸易政策等公共政策与能源、环境之间关联性的研究基础上，侧重分析能源、环境约束下省际贸易政策等的社会绩效。

本书第三章在省际面板数据基础上，侧重对贸易指标影响环境的基于地区人均 GDP 门限特征进行检验，模型估计结果显示出，贸易变量对环境等宏观变量的影响效应存在基于地区人均 GDP 的门限特征。

本书第四章和第五章重点关注了对外贸易的一个重要实践活动——外包，第四章量化了 2010 年不同的离岸外包生产活动内涵的二氧化碳排放量，对近期离岸外包生产活动与二氧化碳排放之间的关系进行了细致的度量。第五章实证检验了 1991—2010 年中国 12 行业承接外包与能源消耗、碳排放的动态关联性，从量、强度维度研究了细分特征的承接外包活动对能源、环境的综合影响。

本书第六章通过两个经济贸易行为的时间（年份）和个体（省份）面板数据实例，验证出所构建的 LM 统计量可以有效识别面板数据实例的时点或个体异常点群，验证的结果不仅对于分析 2009—2010 年贸易行为对环境的效应偏移现象具有借鉴价值，而且有助于发现个别省份的异常经济现象。

二 创建较稳定的、反映对外贸易、承接外包与环境之间关联性的数据体系

本书借鉴国内外学者已有研究成果，最大限度地收集样本数据，结合中国的实际情况深入探讨了对外贸易、承接外包与环境之间的内在关联性。本书综合使用了中国经济信息网统计数据库、中国投入产出表、中国能源统计年鉴、中国工业经济统计年鉴、一部分发达国家的年鉴（日本的工业统计年鉴）、联合国 Comtrade 数据库、国际货币基金组织数据库和日本著名学者创建的 RIETI - TID 数据库等不同数据源资料，在科学统计和完整、统一数据分析的基础上研究能源、环境约束下的对外贸易政策和承接外包活动，以确保所建立的计量模型实证分析结论的准确性。

三 构建内含分部门、分类型承接外包的（进口）非竞争型投入产出表

本书第四、五章在国内外相关研究的基础上，改进了（进口）非竞争型投入产出表。首先从完全消耗系数概念出发，采用投入产出分析方法，对中国（进口）非竞争型投入产出测算方法和模型进行改进，尤其是基于中国在全球产业共生链条下所处的分工地位，整合现有数据资料和不同来源数据的统计口径，比较、改进和完善指标测算方法，并借鉴吕延方、王冬（2013c）系统提出的承接外包比率测度方法，创建了内涵承接外包与能源消耗、碳排放指标体系的（进口）非竞争型投入产出表。通过构建此表，本书不仅可以科学地量化分行业（12 行业）、分类型（基本材料、加工品、零部件）承接外包活动内含的能源消耗、碳排放程度和规模，而且可以全面分析承接外包所引致的能源完全消耗、碳完全排放问题。

四 应用面板先进建模理论和分析技术，综合研究贸易、外包对环境的影响

本书第二章基于 1992—2010 年 30 省、市、区的面板数据，构建了动态面板计量模型，运用广义矩估计方法检验了能源、环境约束下贸易政策等的社会绩效。在建模思路上，不仅通过汉森检验（Hansen Test）以识别工具变量的有效性，而且通过自相关检验（AR Test）以确保模型设定的稳健性。

本书第三章在非线性模型框架内充分考虑政策的渐进性和时效性，重点关注中国具有不同地区特征的进出口贸易对新时期内含环境、民生和增长等政策目标下不同宏观变量的综合影响效果。在具体研究思路上，本章以人均 GDP 作为最能反映地区特征的门限变量，依此对受门限变量影响的解释变量进行门限检验和估计。

本书第四章选取 2010 年行业层面的面板数据，以量化中国不同类别的分行业离岸生产活动与碳排放量之间的关联性。在本章中，重点采用投入产出模型，并结合贸易内含碳排放量评估方法，以及政府间气候变化专门委员会提供的化石燃料测算方法来评估基于承接外包生产活动的二氧化碳排放量。本章为评价离岸外包生产活动对环境所产生的影响提供了一种有价值的量化方法。

本书第五章进一步从动态维度和微观层面对 1991—2010 年中国中间品贸易的能源、环境代价进行科学测算和分析，研究重点结合投入产出分析和动态面板广义矩估计两种分析手段：一方面，改进（进口）非竞争型投入产出表，从完全消耗系数概念出发，采用投入产出分析方法，基于中国在全球产业共生链条下所处的分工地位，改进和完善吕延方、王冬（2013c）的指标测算方法，构建内含承接外包与能源消耗、碳排放指标体系的（进口）非竞争型投入产出表，侧重研究承接外包所引致的能源完全消耗、碳完全排放问题；另一方面，动态分析不同特征承接外包活动对能源、环境的影响，通过构建动态面板模型，系统深入分析了开放经济下承接外包活动与能源消耗、碳排放的关联性。

第六章在异常值已有研究的基础上，基于面板数据模型，通过构建基于剩余扰动项的方差干扰效应模型，以反映面板数据在时间 t 和个体 i 上的异常情况。然后，引入拉格朗日乘数法，探测面板数据时间或个体上的

异常值点或点群，给出异常值诊断的检验统计量。最后，通过两个经济贸易行为的时间（年份）和个体（省份）面板数据实例，使用本章第二节所提出的面板时点上的 LM 检验法，识别并诊断出异常值点群，并根据面板模型时点或个体异常值检验的结果提出修正模型，通过对比修正模型与原模型的性质优劣，验证出第六章构建的 LM 统计量可以有效识别面板数据实例的时点或个体异常点群，稳健性较强，体现出良好的检测功效。这一结果不仅对于分析 2009—2010 年贸易行为对环境的效应偏移现象具有借鉴价值，而且也有助于发现个别省份的异常经济现象。

总之，本书在面板动态分析、投入产出分析和非线性面板分析方法相结合的基础上，揭示出对外贸易、承接外包与能源、环境之间的交互作用关系，充分把握了这一关系演进的时空规律和长期趋势，并根据变量的数据属性及结构特征构建了面板模型，运用异常值探测和检验技术识别模型的时点和个体异常值，促使模型优化，获得了更贴合实际也更准确的经济结论。与现有研究成果不同，面板数据动态建模的分析技术被运用于外包研究领域，深入揭示中国承接外包的运行规律，更全面地揭示了不同方向、特点的外包行为对能源消耗、环境影响的演变机理。

第四节 不足和需进一步研究之处

本书在已有研究基础上可以有效借鉴的文献有限，这在一定程度上制约了对于贸易政策、外包实践与环境内在关联性的深入研究。本书受学识、时间所限，仍存在不尽如人意的地方，在对某些问题做出阐述时，未能达到一定的深度与广度，在理论基础、方法构建等方面尚需进一步的完善。研究不足主要包括：

第一，本书第二章虽测评了中国国际贸易政策表征变量对环境的影响效应，但是有必要关注不同经济环境下国际贸易政策工具对环境等宏观变量的冲击方向、强度、时滞关系以及经济变量间的交互效应，而检验国际贸易政策传导变量对最终目标的影响是否存在非对称动态特征的研究文献目前比较罕见。一方面，非线性面板 SVAR 模型研究国际贸易政策传导以及在不同机制中转化的非线性特征，能够有效识别贸易政策演进轨迹，深层次地刻画国际贸易政策工具及目标之间的动态交互性，更能准确拟合经济现实，为经济预测、政策制定与实施提供更为稳健的参考工具。另一方面，非线性面板 SVAR 模型的分析技术较为复杂，急需对建模方法做深入研究、开发相应的估计程序。在非线性面板 SVAR 模型的结构假设、参数估计和假设检验等方面存在很大的发展空间，例如区制转移、多元门限、多维平滑迁移或非参数假设诸多非线性模型在现实经济问题分析中具有极大的应用前景。

第二，本书第三章分别考察了贸易对生产率、收入、环境的基于人均 GDP 的非线性影响特征，采取的是比较静态分析思路，实际上，上述宏观变量都是相互影响的，下一步应置于动态一般均衡的角度来考察进出口贸易对整个社会系统的综合影响。具体工作是，获得更多维度充足年份的地区发展数据，识别和把握地区各种发展表征变量所引致的贸易综合效应变化的不同门限特征，审视贸易政策对整个社会系统的综合影响，制定出更科学、更具量化、更契合地区发展特征的符合国际贸易可持续发展方向的综合测定评价体系，最终对一个政策的社会效果做出科学评价。

第三，本书第四章虽然量化了 2010 年中国分行业、分类别承接外包活动内含的碳排放程度，但是由于数据的局限，没有展开更为近期的量化研究。本书第五章虽实证检验了 1991—2010 年中国 12 行业承接外包与能源消耗、碳排放的动态关联性，但是针对以中国为本位的对外发包与能源消耗、碳排放的动态关联性没有展开分析。下一步有必要搜集 2010 年以后的数据，测算并分析近期对外发包、承接外包所引致的生产活动变化对能源、环境的传递影响。

参考文献

Abuaf, N. and Jorion, P. "Purchasing Power Parity in the Long Run." *Journal of Finance*, Vol. 45, No. 1, March 1990.

Agnese, P. "Employment Effects of Offshoring across Sectors and Occupations in Japan." *Asian Economic Journal*, Vol. 26, No. 4, Dec. 2012.

Ahn, S., Fukao, K. and Ito, K. "Outsourcing in East Asia and its Impact on the Japanese and Korean Labour Markets." OECD Trade Policy Working Papers, 65, 2008.

Andrew, R. M. and Peters, G. P. "A Multi-Region Input-Output Table Based on the Global Trade Analysis Project Database (GTAP-MRIO)." *Economic Systems Research*, Vol. 25, No. 1, Mar. 2013.

Arellano, M. and Bond, S. R. "Some Tests of Specification for Panel Data: Monte Carlo Evidence and an Application to Employment Equation." *Review of Economic Studies*, Vol. 58, No. 2, Apr. 1991.

Arellano, M. and Bover, O. "Another Look at the Instrumental-variable Estimation of Error-components Models." *Journal of Econometric*, Vol. 68, No. 1, July 1995.

Atici, C. "Carbon Emissions, Trade Liberalization, and the Japan-ASEAN Interaction: A Group-Wise Examination." *Journal of the Japanese and International Economics*, Vol. 26, No. 1, Mar. 2012.

Bai, J. "Estimation of a Change Point in Multiple Regression Models." *Review of Economics and Statistics*, Vol. 79, No. 4, Nov. 1997.

Baltagi, B. H. *Econometric Analysis of Panel Data*. Chichester; Hoboken, N. J.: John Wiley & Sons, 2005.

Blundell, R. and Bond, S. "Initial Conditions and Moment Restrictions in Dynamic Panel Data Models. " *Journal of Econometrics*, Vol. 87, No. 1, Aug. 1998.

Bös, D. "Pricing and Price Regulation: An Economic Theory for Public Enterprises and Public Utilities. " In Bliss, C. J. & Intriligator, M. D. (Eds.) *Advanced Textbooks in Economics.* New York, NY: Elsevier, Vol. 34, 1994.

Bramati, M. C. and Croux, C. "Robust Estimators for the Fixed Effects Panel Data Model. " *Econometrics Journal*, Vol. 10, No. 3, Nov. 2007.

Cadarso, M. A. , Lopez, L. A. , Gomez, N. and Tobarra, M. A. "Co$_2$ Emissions of International Freight Transport and Offshoring: Measurement and Allocation. " *Ecological Economics*, Vol. 69, No. 8, June 2010.

Cadarso, M. A. , Lopez, L. A. , Gomez, N. and Tobarra, M. A. "International Trade and Shared Environmental Responsibility by Sector: An Application to the Spanish Economy. " *Ecological Economics*, Vol. 83, No. 7, Nov. 2012.

Cemal, A. "Carbon Emissions, Trade Liberalization, and the Japan-ASEAN Interaction: A Group-wise Examination. " *Journal of the Japanese and International Economies*, Vol. 26, No. 1, Mar. 2012.

Cerioli A. "Multivariate Outlier Detection with High-Breakdown Estimators. " *Journal of the American Statistical Association*, Vol. 105, No. 489, 2010.

Chan, K. S. "Consistency and Limiting Distribution of the Least Squares Estimator of a Threshold Autogression Model. " *Annals of Statistics*, Vol. 21, No. 1, Mar. 1993.

Chang, I. , Tiao, G. C. and Chen, C. "Estimation of Time Series Parameters in the Presence of Outliers. " *Technometrics*, Vol. 30, No. 2, March 1988.

Chen, W. D. "Detecting and Identifying Interventions with the Whittle Spectral Approach in a Long Memory Panel Data Model. " *Journal of Applied Statistics*, Vol. 35, No. 8, 2008.

Choi, I. "Unit Root Tests for Panel Data. " *Journal of International Money and Finance*, Vol. 20, No. 2, Apr. 2001.

Clark, D. P. , Marchese, S. and Zarrilli, S. "Do Dirty Industries Conduct Offshore Assembly jn Developing Countries?" *International Economic Journal*, Vol. 14, No. 3, 2000.

Coase, R. H. "The Nature of the Firm." *Economica*, Vol. 4, No. 16, Nov. 1937.

Coase, R. H. "The Problem of Social Cost." *Journal of Law and Economics*, Vol. 3, No. 10, Oct. 1960.

Cook, R. D. and Weisberg, S. *Residuals and Influence in Regression*. London, New York: Chapman and Hall, 1982.

Copeland, B. R. and Taylor, M. S. "North-South Trade and the Environment." *The Quarterly Journal of Economics*, Vol. 109, No. 3, Aug. 1994.

Copeland, B. R. and Taylor, M. S. "Trade, Growth and the Environment." *Journal of Economic Literature*, Vol. 42, No. 1, Mar. 2004.

Da Silveira, G. J. C. "An Empirical Analysis of Manufacturing Competitive Factors and Offshoring." *International Journal of Production Economics*, Vol. 150, No. 4, Apr. 2014.

Dixit, A. "Trade and Insurance with Moral Hazard." *Journal of International Economics*, Vol. 23, No. 3 – 4, Nov. 1987.

Dixit, A. "Trade and Insurance with Adverse Selection." *Review of Economic Studies*, Vol. 56, No. 2, Apr. 1989 (a).

Dixit, A. "Trade and Insurance with Imperfectly Observed Outcomes." *Quarterly Journal of Economics*, Vol. 104, No. 1, Feb. 1989 (b).

Douglas, S. and Nishioka, S. "*International Differences in Emissions Intensity and Emissions Content of Global Trade.*" *Journal of Development Economics*, Vol. 99, No. 2, Nov. 2012.

Edwards, S., "Trade Orientation, Distortions and Growth in Developing Countries." NBER Working Papers, No. 3716, 2001.

EI Khoury, A. C. and Savvides, A. "Openness in Services Trade and Economic Growth." *Economics Letters*, Vol. 92, No. 2, Aug. 2006.

Ekholm, K. and Hakkala, K. "The Effect of Offshoring on Labor Demand: Evidence from Sweden." CEPR Discussion Paper, No. 5648, 2006.

Esaka, Y. T. "Panel Unit Root Tests of Purchasing Power Parity between Japanese Cities, 1960 – 1998. " *Japan and the World Economy*, Vol. 15, No. 2, Apr. 2003.

Fajgelbaum, P. , Grossman, G. M. and Helpman, E. "Income Distribution, Product Quality, and International Trade. " *Journal of Political Economy*, Vol. 119, No. 4, Aug. 2011.

Falvey, R. , Foster, N. and Greenaway, D. "Trade Liberalization, Economic Crises, and Growth. " *World Development*, Vol. 40, No. 11, Nov. 2012.

Falvey, R. , Foster-McGregor, N. and Khalid, A. "Trade Liberalisation and Growth: A Threshold Exploration. " *Journal of the Asia Pacific Economy*, Vol. 18, No. 2, Apr. 2013.

Farinas, J. C. , Lopez, A. and Martin-Marcos, A. "Assessing the Impact of Domestic Outsourcing and Offshoring on Productivity at the Firm Level. " *Applied Economics*, Vol. 46, No. 15, Feb. 2014.

Febrero, M. and Galeano, P. "Gonzalez-Manteiga G. Outlier Detection in Functional Data by Depth Measures, with Application to Identify Abnormal Nox Levels. " *Environmetrics*, Vol. 19, No. 4, June 2008.

Feenstra R. C. *Offshoring in the Global Economy: Microeconomic Structure and Macroeconomic Implications.* Cambridge, MA: The MIT Press, 2010.

Feenstra, R. C. and Gordon H. Hanson "Globalization, Outsourcing, and Wage Inequality. " *American Economic Review*, Vol. 86, No. 2, Jan. 1996.

Feenstra, R. C. and Gordon H. Hanson. "The Impact of Outsourcing and High-Technology Capital on Wages: Estimates for the United States, 1979-1990. " *The Quarterly Journal of Economics*, Vol. 114, Aug. 1999.

Fleury, A. and Fleury, M. T. L. "Understanding the Strategies of Late-Movers in International Manufacturing. " *International Journal of Production Economics*, Vol. 122, No. 1, Nov. 2009.

Fleissig, A. R. and Strauss, J. "Is OECD Real Per Capita GDP Trend or Difference Stationary? Evidence from Panel Unit Root Tests. " *Journal of Macroeconomics*, Vol. 21, No. 4, 1999.

Flores, R. , Jorion, P. , Preumont, P. and Szafarz, A. "Multivariate Unit Root Tests of the PPP Hypothesis. " *Journal of Empirical Finance*, Vol. 6, No. 4, Oct. 2009.

Foster, N. "Exports, Growth and Threshold Effects in Africa." *Journal of Development Studies*, Vol. 42, No. 6, Jan. 2006.

Fox, A. J. "Outliers in Time Series." *Journal of the Royal Statistical Society: Series B (Statistical Methodology)*, Vol. 34, No. 3, 1972.

Friedman, T. *The World is Flat: A Brief History of the Twenty-first Century*. New York, NY: Farrar, Straus and Giroux, 2005.

Gavrilova, O. and Vilu, R. "Production-Based and Consumption-Based National Greenhouse Gas Inventories: An Implication for Estonia." *Ecological Economics*, Vol. 75, No. 1, Mar. 2012.

Granger, C. W. J. and Teräsvirta, T. *Modelling Nonlinear Economic Relationships*. Oxford: Oxford University Press, 1993.

Grossman, G. A. and Rossi-Hansberg, E. "Trading Tasks: a Simple Theory of Offshoring." *American Economic Review*, Vol. 98, No. 5, Dec. 2008.

Hamilton, J. D. "A New Approach to the Economic Analysis of Nonstationary Time Series and the Business Cycle." *Econometrica*, Vol. 57, No. 2, Mar. 1989.

Hansen, B. E. "Inference when a Nuisance Parameter is Not Identified under the Null Hypothesis." *Econometrica*, Vol. 64, No. 2, Mar. 1996.

Hansen, B. E. "Threshold Effects in Non-Dynamic Panels: Estimation, Testing, and Inference." *Journal of Econometrics*, Vol. 93, No. 2, Dec. 1999.

Hansen, B. E. "Sample Splitting and Threshold Estimation." *Econometrica*, Vol. 68, No. 3, May 2000.

Hausman, J. A. "Taxes and Labor Supply." In Feldstein M. & Auerbach, A. J. (Eds.). *Handbook of Public Economics*. New York, NY: North-Holland, Vol. 1, 1985.

Hawkins, D. M. *Identification of Outliers*. London, New York: Chapman and Hall, 1980.

He, J. and Fu, J. Y. "Carbon Leakage in China's Manufacturing Trade: An Empirical Analysis Based on the Carbon Embodied in Trade." *Journal of International Trade and Economic Development*, Vol. 23, No. 3, Oct. 2014.

Heaps, T. and Helliwell, J. F. "The Taxation of Natural Resources." In Feldstein M. & Auerbach, A. J. (Eds.), *Handbook of Public Economics*, New

York, NY: North-Holland, Vol. 1, 1985.

Henry, M., Kneller, R., Milner, C. and Girma, S. "Do Natural Barriers Affect the Relationship Between Trade Openness and Growth." *Oxford Bulletin of Economics and Statistics*, Vol. 74, No. 1, Feb. 2012.

Im, K. S., Pesarana M. H. and Shin, Y. "Testing for Unit Roots in Heterogeneous Panels." *Journal of Econometrics*, Vol. 115, No. 1, 2003.

IPCC. *Greenhouse Gas Inventory: IPCC Guidelines for National Greenhouse Gas Inventories*. Bracknell, England: United Kingdom Meteorological Office, Intergovernmental Panel of Climate Change, 2006.

Ito, B., Tomiura, E. and Wakasugi, R. "Dissecting Offshore Outsourcing and Randd: A Survey of Japanese Manufacturing Firms." RIETI Discussion Paper Series, 07 – E – 060, 2007.

Ito, B., Wakasugi, R. and Tomiura, E. "Offshoring and Productivity: Evidence from Japanese Firm-Level Data." RIETI Discussion Paper Series, 08-E-028, 2008.

Jakob, M., Marschinski, R. and Hubler, M. "Between a Rock and a Hard Place: A Trade-Theory Analysis of Leakage under Production- And Consumption-Based Policies." *Environmental and Resource Economics*, Vol. 56, No. 1, Sep. 2013.

Jorgenson, D. W. and Griliches, Z. "The Explanation of Productivity Change." *Review of Economic Studies*, Vol. 34, No. 3, Jul. 1967.

Jorion, P. and Sweeney, R. J. "Mean Reversion in Real Exchange Rates: Evidence and Implications for Forecasting." *Journal of International Money and Finance*, Vol. 16, No. 4, Aug. 1996.

Kim, D. H. "Trade, Growth and Income." *Journal of International Trade & Economic Development*, Vol. 20, No. 5, 2011.

Kim, D. H and Lin, S. C. "Trade and Growth at Different Stages of Economic Development." *Journal of Development Studies*, Vol. 45, No. 8, 2009.

Kim, D. H. and Lin, S. C. "Trade and Income at Different Stages of Economic Development." *Applied Economics*, Vol. 44, No. 4, Feb. 2012.

Kim, D. H., Lin, S. C. and Suen, Y. B. "Nonlinearity between Trade Openness and Economic Development." *Review of Development Economics*,

Vol. 15, No. 2, May 2011.

Kinkel, S. and Maloca, S. "Drivers and Antecedents of Manufacturing Offshoring and Backshoring: A German Perspective." *Journal of Purchasing and Supply Management*, Vol. 15, No. 3, Sep. 2009.

Kuhnt, S., Rapallo, F. and Rehage, A. "Outlier Detection in Contingency Tables Based on Minimal Patterns." *Statistics and Computing*, Vol. 24, No. 3, May 2014.

Lanz, R., Miroudot, S. and Nordas, H. K. "Offshoring of Tasks: Taylorism versus Toyotism." *World Economy*, Vol. 36, No. 2, Dec. 2012.

Lejeune, B. "A Full Heteroscedastic One-Way Error Components Model for Incomplete Panel: Maximum Likelihood Estimation and Lagrange Multiplier Testing." CORE Discussion Papers, No. 1996006, 1996.

Levin, A., Lin, C. F. and Chu, S. J. "Unit Root Tests in Panel Data, Asymptotic and Finite-Sample Properties." *Journal of Econometrics*, Vol. 108, No. 1, May 2002.

Levinson, A. "Offshoring Pollution: Is the United States increasingly Importing Polluting Goods." *Review of Environmental Economics and Policy*, Vol. 4, No. 1, 2010.

Lewis, W. A. *The Theory of Economic Growth*. Homewood, Illinois: Richard D. Irwin, 1955.

Li, Z. Y. "Task Offshoring and Organizational Form: Theory and Evidence from China." *Journal of Economic Behavior and Organization*, Vol. 94, Oct. 2013.

Lin, B. Q. and Sun, C. W. "Evaluating Carbon Dioxide Emissions in International Trade of China." *Energy Policy*, Vol. 38, No. 1, Jan. 2010.

Lin, J., Pan, D., Davis, S. J., Zhang, Q., He, K., Wang, C., Streets, D. G., Wuebbles, D. J. and Guan, D. "China's International Trade and Air Pollution in the United States." *Proceedings of National Academy Science of U. S. A. (PNAS)*, Vol. 111, No. 5, 2014.

Lopez, L. A., Arce, G. and Zafrilla, J. E. "Parcelling Virtual Carbon in the Pollution Haven Hypothesis." *Energy Economics*, Vol. 39, Sep. 2013.

Lyu, Y. F. "Detection of Outliers in Panel Data of Intervention Effects Model

Based on Variance of Remainder Disturbance. " *Mathematical Problems in Engineering*, Article ID 902602, 2014.

Maddala, G. S. and Wu, S. "A Comparative Study of Unit Root Tests with Panel Data and a New Simple Test. " *Oxford Bulletin of Economics and Statistics*, Vol. 61, Special Issue (S1), Nov. 1999.

Magnus, J. R. "Maximum Likelihood Estimation of the GLS Model with Unknown Parameters in the Disturbance Covariance Matrix. " *Journal of Econometrics*, Vol. 7, No. 3, Apr. 1978.

Martin, R. D. and Yohai, V. J. "Influence Functionals for Time Series. " *The Annals Statistics*, Vol. 14, No. 3, Sep. 1986.

McCoskey, S. K. and Selden, T. M. "Health Care Expenditures and GDP: Panel Data Unit Root Test Results. " *Journal of Health Economics*, Vol. 17, No. 3, June 1998.

Michel, B. "Does Offshoring Contribute to Reducing Domestic Air Emissions? Evidence from Belgian Manufacturing. " *Ecological Economics*, Vol. 95, Nov. 2013.

Mitra, D. and Ranjan, P. "Offshoring and Unemployment: The Role of Search Frictions Labor Mobility. " *Journal of International Economics*, Vol. 81, No. 2, July 2010.

Moon, H. R. and Perron, B. "Testing for a Unit Root in Panels with Dynamic Factors. " *Journal of Econometrics*, Vol. 122, No. 1, Sep. 2004.

Newbery, D. and Stiglitz, J. "Pareto Inferior Trade. " *Review of Economic Studies*, Vol. 51, No. 1, Jan. 1984.

North, D. C. *Institution, Institutional Change and Economic Performance*, New York, NY: Cambridge University Press, 1990.

OECD. *Offshoring and Employment: Trends and Impact.* Paris: OECD (Organization of Economic Co-operation and Development) Publishing, 2007.

Paul, C. J. M. and Yasar, M. "Outsourcing, Productivity and Input Composition at the Plant Level. " *Canadian Journal of Economics*, Vol. 42, No. 2, May 2009.

Philip, H. F. and Niels, H. "The Effects of Additive Outliers on Tests for Unit Roots. " *Journal of Business & Economic Statistics*, Vol. 12, No. 4,

Oct. 1994.

Pineiro Di Blasi, J. I. , Martinez Torres, J. , Garcia Nieto, J. R. , Alonso Fer-
nandez, J. R. , Diaz Muniz, C. , and Taboada, J. "Analysis and Detection
of Outliers in Water Quality Parameters from Different Automated Monitoring
Stations in The Mino River Basin (NW Spain) ." *Ecological Engineering*,
Vol. 60, 2013.

Rapallo, F. "Outliers and Patterns of Outliers in Contingency Tables with Alge-
braic Statistics. " *Scandinavian Journal of Statistics*, Vol. 39, No. 4,
Dec. 2012.

Riani, M. , Atkinson, A. C. and Cerioli A. "Finding an Unknown Number of
Multivariate Outliers. " *Journal of the Royal Statistical Society: Series B
(Statistical Methodology)*, Vol. 71, No. 2, 2009.

Rodriguez-Clare, A. "Offshoring in a Ricardian World. " *American Economic
Journal (Macroeconomics)*, Vol. 2, No. 2, Apr. 2010.

Rusten, G. and Bryson, J. R. "Placing and Spacing Services: Towards a Bal-
anced Economic Geography of Firms, Clusters, Social Networks, Contracts
and the Geographies of Enterprise. " *Tijdschrift Voor Economische En Sociale
Geografie*, Vol. 101, No. 3, July 2010.

Sandmo, A. "The Effects of Taxation on Savings and Risk Taking. " In Feld-
stein M. & Auerbach, A. J. (Eds.), *Handbook of Public Economics*, New
York, NY: North-Holland, Vol. 1, 1985.

Schworer, T. "Offshoring, Domestic Outsourcing and Productivity: Evidence
for a Number of European Countries. " *Review of World Economics*,
Vol. 149, No. 1, March 2013.

Solow, R. "Technical Change and the Aggregate Production Function. " *Review
of Economics and Statistics*, Vol. 39, No. 3, Aug. 1957.

Stigler, G. J. *Trends in Output and Employment*. New York: National Bureau of
Economic Research, NBER books, No. Stig 47 – 1, 1947.

Strazicich, M. C. , Co, C. Y. and Lee, J. "Are Shocks to Foreign Investment
in Developing Countries Permanent or Temporary? Evidence from Panel Unit
Root Tests. " *Economics Letters*, Vol. 70, No. 3, March 2001.

Tan, H. , Feng J. and Feng, G. "Traffic Volume Data Outlier Recovery via

Tensor Model. " *Mathematical Problems in Engineering*, Article ID 164810, 8 Pages, 2013.

Teräsvirta, T. and Anderson, H. M. "Characterizing Nonlinearities in Business Cycles Using Smooth Transition Autoregressive Models. " *Journal of Applied Econometrics*, Vol. 7, Special Issue, Dec. 1992.

Tinbergen, J. "Zur Theorie Der Langristigen Wirtschaftsentwicklung. " Weltwirtschaftiches Archiv, Band 55: 1, 1942. (English translation, "On the Theory of Trend Movements," In Jan Tinbergen, Selected Papers, eds. , L. H. Klassen, L. M. Koyck and H. J. Witteveen, Amsterdam: NorthHolland, 1959.)

Tomiura, E. , Ito, B. and Wakasugi, R. "Offshore Outsourcing and Non-Production Workers: Firm-Level Relationships Disaggregated by Skills and Suppliers. " *World Economy*, Vol. 36, No. 2, Feb. 2013.

Tong, H. "On a Threshold Model. " in *Pattern Recognition and Signal Processing*. C. H. Chen (ed.), Amsterdam: Sijhoff and Noordhoff, 1978, 101-141.

Verardi, V. and Croux, C. "Robust Regression in Stata. " *The Stata Journal*, Vol. 9, No. 3, 2009.

Wakasugi, R. , Ito, B. and Tomiura, E. "Offshoring and Trade in East Asia: A Statistical Analysis. " Asian Economic Papers, Vol. 7, No. 3, 2008.

Wiebe, K. S. , Bruckner, M. , Giljum, S. and Lutz, C. "Calculating Energy-Related CO_2 Emissions Embodied in International Trade Using a Global Input-Output Model. " *Economic Systems Research*, Vol. 24, No. 2, March 2012.

Willems, G. , Joe, H. and Zamar, R. "Diagnosing Multivariate Outliers Detected by Robust Estimators. " *Journal of Computational and Graphical Statistics*, Vol. 18, No. 1, March 2009.

Williamson, O. E. *Markets and Hierarchies: Analysis and Antitrust Implications*, New York, NY: Free Press, 1975.

Williamson, O. E. *The Economic Institutions of Capitalism*. New York, NY: Free Press, 1985.

Windmeijer, F. "A Finite Sample Correction for the Variance of Linear Efficient Two-step GMM Estimators. " *Journal of Econometrics*, Vol. 126, No. 1, May 2005.

Wright, G. C. "Revisiting the Employment Impact of Offshoring. " *European Economic Review*, Vol. 66, Feb. 2014.

Yan, X. F. "Multivariate Outlier Detection Based on Self-Organizing Map and Adaptive Nonlinear Map and its Application. " *Chemometrics and Intelligent Laboratory Systems*, Vol. 107, No. 2, July 2011.

Yan, Y. F. and Yang, L. K. "China's Foreign Trade and Climate Change: A Case Study of co_2 Emissions. " *Energy Policy*, Vol. 38, No. 1, Jan. 2010.

Yuen, K. V. and Mu, H. Q. "A Novel Probabilistic Method for Robust Parametric Identification and Outlier Detection. " *Probabilistic Engineering Mechanics*, Vol. 30, Oct. 2012.

Zorzini, M. , Stevenson, M. and Hendry, L. C. "Coordinating Offshored Operations in Emerging Economies: A Contingency-Based Study. " *International al Journal of Production Economics*, Vol. 153, July 2014.

包群、邵敏、侯维忠:《出口改善了员工收入吗?》,《经济研究》2011 年第 9 期。

包群:《贸易开放与经济增长:只是线性关系吗》,《世界经济》2008 年第 9 期。

[美] 威廉·鲍莫尔:《福利经济及国家理论》,郭家麟、郑孝齐译,商务印书馆 2013 年版。

[美] 丹尼尔·W. 布罗姆利:《经济利益与经济制度:公共政策的理论基础》,陈郁、郭宇峰、汪春译,上海人民出版社 2006 年版。

陈强:《高级计量经济学及 STATA 应用》,高等教育出版社 2010 年版。

陈叶琼:《面板数据模型的异常值检验》,云南财经大学 2009 年硕士学位论文。

陈迎、潘家华、谢来辉:《中国外贸进出口商品中的内涵能源及其政策含义》,《经济研究》2008 年第 7 期。

陈媛媛、李坤望:《中国工业行业 SO_2 排放强度因素分解及其影响因素》,《管理世界》2010 年第 3 期。

程启智:《风险交易的市场失灵和市场无能及政府管制》,《财政研究》2011 年第 7 期。

［美］阿维那什·K.迪克西特：《经济政策制定：交易成本政治学的视角》，刘元春译，中国人民大学出版社 2004 年版。

董志强：《我们为何偏好公平：一个演化视角的解释》，《经济研究》2011年第 8 期。

樊重俊、张小红：《国际贸易中的非线性分析与预测研究方法研究述评》，《商业研究》2009 年第 9 期。

国家信息中心：《经济增长平稳减速 通胀压力依然较大——三季度宏观经济预测分析》，国家信息中心，2011 年。

国务院发展研究中心课题组：《国内温室气体减排：基本框架设计》，《管理世界》2011 年第 10 期。

金立斌、戴晓文、石磊：《广义空间模型的异常值检验》，《系统科学与数学》2014 年第 34 卷第 1 期。

李宾、曾志雄：《中国全要素生产率变动的再测算：1978—2007 年》，《数量经济技术经济研究》2009 年第 3 期。

李谷成：《人力资本与中国区域农业全要素生产率增长——基于 DEA 视角的实证分析》，《财经研究》2009 年第 35 期。

李静、方伟：《长三角对外贸易增长的能源环境代价研究》，《财贸经济》2011 年第 5 期。

李培军：《抽样调查中样本异常值的测量》，《大连海事大学学报》2009年第 1 期。

李思慧：《产业集聚、人力资本与企业能源效率》，《财贸经济》2011 年第 9 期。

李铁立：《外商直接投资技术溢出效应差异的实证分析》，《财贸经济》2006 年第 4 期。

李小平、卢现祥：《国际贸易、污染产业转移和中国工业 CO_2 排放》，《经济研究》2010 年第 1 期。

李小平、卢现祥、朱钟棣：《国际贸易、技术进步和中国工业行业的生产率增长》，《经济学》（季刊）2008 年第 2 期。

李玉红、王皓、郑玉歆：《企业演化：中国工业生产率增长的重要途径》，《经济研究》2008 年第 6 期。

林伯强、张立、伍亚：《国内需求、技术进步和进出口贸易对中国电力消费增长的影响分析》，《世界经济》2011 年第 10 期。

凌佳、夏乐天：《具有异方差的线性回归模型的统计诊断》，《河海大学学报》2008 年第 2 期。

刘强、庄幸、姜克隽、韩文科：《中国出口贸易中的载能量及碳排放量分析》，《中国工业经济》2008 年第 8 期。

刘瑞翔、安同良：《中国经济增长的动力来源与转换展望》，《经济研究》2011 年第 7 期。

楼润瑜、吴江云、王水生、钟继：《检验数据异常值判断方法的优选》，《检验检疫科学》2008 年第 6 期。

卢现祥、许晶：《工业企业结构差异与 CO_2 排放强度实证研究——基于省级动态面板》，《广东社会科学》2011 年第 6 期。

吕延方：《比较优势理论能否有效解释承接外包的产生机理——基于中国工业的经验研究》，《经济管理》2011 年第 10 期。

吕延方：《中国承接服务外包的驱动因素——基于 2003—2013 年行业面板数据的经验研究》，《经济管理》2015 年第 7 期。

吕延方、王冬：《承接外包对中国制造业全要素生产率的影响——基于 1998—2007 面板数据的经验研究》，《数量经济技术经济研究》2010 年第 11 期。

吕延方、王冬：《参与不同形式外包对中国劳动力就业动态效应的经验研究》，《数量经济技术经济研究》2011 年第 9 期。

吕延方、王冬：《基于中国经验的制造外包主要影响因子研究》，《资源科学》2012 年第 3 期。

吕延方、王冬：《经济量、质协同发展动态分析与对策研究》，《宏观经济研究》2013 年第 9 期（2013a）。

吕延方、王冬：《我国承接外包与能源消耗、碳排放的动态关联性分析》，《数量经济技术经济研究》2013 年第 11 期（2013b）。

吕延方、王冬：《中国承接跨国外包的演化机理及其动态效应》，中国社会科学出版社 2013 年版（2013c）。

裴长洪、林江：《转变出口贸易增长方式》，《人民日报》2006 年 2 月 8 日第 9 版。

裴长洪、彭磊、郑文：《转变外贸发展方式的经验与理论分析——中国应对国际金融危机冲击的一种总结》，《中国社会科学》2011 年第 1 期。

钱颖一：《理解经济学》，《经济学方法——十一位经济学家的观点》，王小卫编，复旦大学出版社 2006 年版。

任若恩、孙琳琳：《我国行业层次的 TFP 估计：1981—2000》，《经济学（季刊）》2009 年第 8 卷第 3 期。

任燕：《低碳经济背景下我国出口贸易转型研究》，中国海洋大学 2012 年硕士学位论文。

邵敏：《我国企业出口对员工收入的影响——基于企业异质性视角的经验研究》，《中国工业经济》2011 年第 7 期。

邵婷婷、张水利、张永波：《两种剔除异常数据的方法比较》，《科学计算及信息处理》2008 年第 24 期。

沈能、李富有：《技术势差、进口贸易溢出与生产率空间差异——基于双门槛效应的检验》，《国际贸易问题》2012 年第 9 期。

唐东波、王洁华：《贸易扩张、危机与劳动收入份额下降——基于中国工业行业的实证研究》，《金融研究》2011 年第 9 期。

王冬、吕延方：《不同路线外包对我国主要产业效率的影响——基于动态面板模型的实证检验》，《经济管理》2012 年第 1 期。

王锋、吴丽华、杨超：《中国经济发展中碳排放增长的驱动因素研究》，《经济研究》2010 年第 2 期。

王会、王奇：《中国城镇化与环境污染排放：基于投入产出的分析》，《中国人口科学》2011 年第 5 期。

王静、张西征：《高科技产品进口溢出、创新能力和生产效率》，《数量经济技术经济研究》2012 年第 9 期。

王立勇、张良贵：《开放条件下我国货币政策有效性的经验分析》，《数量经济技术经济研究》2011 年第 8 期。

王庆石、张国富、吴宝峰：《出口贸易技术外溢效应的地区差异与吸收能力的门限特征——基于非线性面板数据模型的实证分析》，《数量经济技术经济研究》2009 年第 11 期。

王文举、向其凤：《国际贸易中的隐含碳排放核算及责任分配》，《中国工业经济》2011 年第 10 期。

王小梅、秦学志、尚勤：《金融危机以来贸易保护主义对中国出口的影响》，《数量经济技术经济研究》2014 年第 5 期。

王元明、熊伟：《异常数据的检测方法》，《重庆工业学院学报》2009 年第 2 期。

魏下海：《贸易开放、人力资本与中国全要素生产率——基于分位数回归
　　方法的经验研究》，《数量经济技术经济研究》2009 年第 7 期。

谢杰、张海森：《出口商品结构变化对经济增长的门限效应：浙江省与全
　　国的对比研究》，《国际贸易问题》2012 年第 9 期。

徐承红、李标：《能源消耗、碳排放与我国经济发展——基于静态和动态
　　面板的实证分析》，《宏观经济研究》2012 年第 7 期。

徐建军、汪浩瀚：《中国对外贸易和金融深化对全要素生产率的动态影
　　响——基于状态空间模型的时变参数分析》，《国际贸易问题》2009
　　年第 6 期。

杨超、王锋、门明：《征收碳税对二氧化碳减排及宏观经济的影响分析》，
　　《统计研究》2011 年第 7 期。

杨继生、王少平：《非线性动态面板模型的条件 GMM 估计》，《数量经济
　　技术经济研究》2008 年第 12 期。

杨丽丰、陈雄波：《一种判别实测资料中异常点的方法及应用》，《水运工
　　程》2006 年第 4 期。

叶川、伍川辉、张嘉怡：《计量测试中异常数据剔除方法比较》，《计量与
　　测试技术》2007 年第 27 期。

余官胜：《我国贸易开放和收入分配的非线性关系——基于 1994—2007 年
　　省际动态面板数据的实证研究》，《云南财经大学学报》2009 年第 6
　　期（2009a）。

余官胜：《贸易开放和人力资本形成的非线性关系——理论和基于我国省
　　际动态面板数据的实证研究》，　《财经科学》2009 年第 9 期
　　（2009b）。

原毅军、刘浩、白楠：《中国生产性服务业全要素生产率测度——基于非
　　参数 Malmquist 指数方法的研究》，《中国软科学》2009 年第 1 期。

张德然：《统计数据中异常值的检验方法》，《统计研究》2003 年第 5 期。

张少华、陈浪南：《外包对中国能源利用效率影响的实证研究》，《国际贸
　　易问题》2009 年第 6 期。

张晓峒、白仲林：《退势单位根检验小样本性质的比较》，《数量经济技术
　　经济研究》2005 年第 5 期。

张友国：《经济发展方式变化对中国碳排放强度的影响》，《经济研究》
　　2010 年第 4 期（2010a）。

张友国:《中国贸易含碳量及其影响因素——基于（进口）非竞争性投入产出表的分析》,《经济学》（季刊）2010 年第 4 期（2010b）。

张友国:《中国贸易增长的能源环境代价》,《数量经济技术经济研究》2009 年第 1 期。

赵进文:《异常值对计量建模影响的典型案例》,《统计研究》2010 年第 12 期。

中国人民银行调查统计司经济分析处:《2011 年第一季度宏观经济形势分析》,中国人民银行调查统计司,2011 年。

中华人民共和国商务部国际贸易经济合作研究院:《中国对外贸易形势报告》（2012 年秋季）。

周浩、傅京燕:《国际贸易提高了中国能源的消费?》,《财贸经济》2011 年第 1 期。

周平、王黎明:《中国居民最终需求的碳排放测算》,《统计研究》2011 年第 7 期。

朱启荣:《中国出口贸易中的 CO_2 排放问题研究》,《中国工业经济》2010 年第 1 期。